AF156665

Felix Baritsch

Sprache, Erkenntnis und Ethik bei Wittgenstein und Nagarjuna

Eine Untersuchung in komparativer Sprachphilosophie

Diplomica Verlag GmbH

Baritsch, Felix: Sprache, Erkenntnis und Ethik bei Wittgenstein und Nagarjuna. Eine Untersuchung in komparativer Sprachphilosophie, Hamburg, Diplomica Verlag GmbH 2016

Buch-ISBN: 978-3-95934-980-2
PDF-eBook-ISBN: 978-3-95934-480-7
Druck/Herstellung: Diplomica® Verlag GmbH, Hamburg, 2016
Covermotiv: © pixabay.de

Bibliografische Information der Deutschen Nationalbibliothek:
Die Deutsche Nationalbibliothek verzeichnet diese Publikation in der Deutschen Nationalbibliografie; detaillierte bibliografische Daten sind im Internet über http://dnb.d-nb.de abrufbar.

Das Werk einschließlich aller seiner Teile ist urheberrechtlich geschützt. Jede Verwertung außerhalb der Grenzen des Urheberrechtsgesetzes ist ohne Zustimmung des Verlages unzulässig und strafbar. Dies gilt insbesondere für Vervielfältigungen, Übersetzungen, Mikroverfilmungen und die Einspeicherung und Bearbeitung in elektronischen Systemen.

Die Wiedergabe von Gebrauchsnamen, Handelsnamen, Warenbezeichnungen usw. in diesem Werk berechtigt auch ohne besondere Kennzeichnung nicht zu der Annahme, dass solche Namen im Sinne der Warenzeichen- und Markenschutz-Gesetzgebung als frei zu betrachten wären und daher von jedermann benutzt werden dürften.

Die Informationen in diesem Werk wurden mit Sorgfalt erarbeitet. Dennoch können Fehler nicht vollständig ausgeschlossen werden und die Diplomica Verlag GmbH, die Autoren oder Übersetzer übernehmen keine juristische Verantwortung oder irgendeine Haftung für evtl. verbliebene fehlerhafte Angaben und deren Folgen.

Alle Rechte vorbehalten

© Diplomica Verlag GmbH
Hermannstal 119k, 22119 Hamburg
http://www.diplomica-verlag.de, Hamburg 2016
Printed in Germany

Widmung

Dies Buch widme ich meiner Mutter, die mich liebevoll gelehrt hat, in Sprachen über die Worte hinaus die Musik des Lebens zu hören und zu verstehen.

Inhalt

Kürzel für Zitate aus der Primärliteratur von Wittgenstein und Nāgārjuna:

zu Wittgenstein (Band-Angaben bzgl. Werkausgabe, Suhrkamp, Fft. a. M., 1984 a):

BlB: Blaues Buch (Band 5)
BrB: Braunes Buch (Band 5)
BGM: Bemerkungen über die Grundlagen der Mathematik (Band 6)
BT: The Big Typescript (Wiener Werkausgabe, Bd. 11)
De: Denkbewegungen (MS 183, Innsbruck, 1997)
MS: Manuskripte [zit. nach Stern (1995), Anhang]
PG: Philosophische Grammatik (Band 4)
PU: Philosophische Untersuchungen (Band 1)
PU II: Teil II der Philosophischen Untersuchungen (Band 1)
T: Tractatus logico-philosophicus (Band 1)
Tb: Tagebücher 1914-1916 (Band 1)
TS: Typescript [zit. nach Stern (1995), Anhang]
ÜG: Über Gewissheit (Band 8)
Vo: Vorlesungen 1930-1935 (Fft. a. M., 1984 b)
VE: Vortrag über Ethik (Fft. a. M., 1989)
WA: Wiener Ausgabe, Studientexte [zit. nach Stern (1995) Anhang]
WWK: Ludwig Wittgenstein und der Wiener Kreis (Band 3)
Z: Zettel (Band 8)

zu Nāgārjuna (verschiedene Übersetzungen, s. Lit. Verz.):

MMK: Mūlamadhyamakakārikā
RĀ: Ratnāvalī
Su: Suhṛlleka
YṢ: Yuktiṣaṣṭikā
VV: Vigrahavyāvartanī

und PP: Candrakīrtis Kommentar zu den MMK: Prasannapadā
[zit. nach MacDonald (2015)]

Wenn nicht anders angegeben, sind kursive Begriffe in Klammern
- *altgriechisch* im 2. Kapitel,
- *sanskrit* ab 4. Kapitel (IAST Transliteration).

Eigene Übersetzungen sind mit „Übersetzung FB“ kenntlich gemacht.

1. Einleitung und Methodologie

Das allgemeine menschliche Miteinander wird von vielen sozialen und natürlichen Lebensbedingungen beeinflusst und von verschiedenen Sprachen, Kulturen, Religionen und Philosophien geprägt. Wissenschaftliche Methoden unterscheiden sich von Disziplin zu Disziplin. Häufig werden dabei Paradigmen zu Grunde gelegt, die innerhalb der eigenen Sprache, Kultur und Disziplin nicht erkannt und nicht hinterfragt werden können, obwohl sie bereits ausreichen, eine je eigene Weltsicht zu konstituieren. Oft wird erst im interdisziplinären bzw. interkulturellen Dialog deutlich, welche universalen Ansprüche nur lokal, historisch, methodologisch und sprachlich bedingt sind. Sprache ist das wichtigste Differenzierungsmerkmal des Menschen gegenüber Tieren und trotz ihrer vielfältigen Ausprägungen das gemeinsame Mittel der Kommunikation und Problemlösung sowie nicht zuletzt das hermeneutisches Instrument der Erkenntnis. Kann Sprache dieser Aufgabe auf globaler Ebene gerecht werden, in welchem Maße und wo liegen die Grenzen sprachlicher Möglichkeiten? Jedes Wort hat vielfältige Bedeutungen, kann vielfältig übersetzt werden und noch vielfältiger verstanden oder missverstanden werden. Können unter diesen Umständen die globalen Probleme der Moral und des menschlichen Verhaltens sprachlich gelöst werden oder ist dafür auch eine vorsprachliche oder metasprachliche Dimension nötig? Dieses Buch befasst sich mit den Bedingungen der Möglichkeit, diese Fragen zu klären - mit Sprache und ihren Grenzen. Da es über 6000 Sprachen gibt (von denen die Hälfte vom Aussterben bedroht ist) ist es sinnvoll, nicht von *einer* Sprache auszugehen und von dort auf alle zu schließen, sondern zumindest *zwei* verschiedene Sprachen als Ausganspunkt heranzuziehen.

Anhand zweier Philosophen aus verschiedenen Kulturkreisen, in deren Philosophien Sprache eine ausschlaggebende Rolle spielt, wird im Folgenden Sprache selber zum Objekt der Reflexion und - mit sprachlichen Mitteln - den Grenzen der sprachlichen Bedingungen und Möglichkeit von Erkenntnis und Ethik nachgegangen: Ludwig Wittgenstein, einer der wichtigsten Vertreter der okzidentalen Sprachphilosophie und Nāgārjuna, einer der wichtigsten Vertreter der indisch-buddhistischen Philosophietradition.

Wittgenstein (1889-1951) läutet den *„linguistic turn"* in der abendländischen Philosophie des 20. Jh. ein, Nāgārjuna (2./3. Jh. n. Chr.) trägt im Indien seiner Zeit mit

seiner Philosophie der Leerheit entscheidend zur Entwicklung des Mahayana–Buddhismus bei, einer damals neuen geistigen Strömung, die sich im Laufe der Jahrhunderte über viele Länder Asiens in verschiedensten Ausprägungen ausbreitet und inzwischen auch in anderen Kontinenten präsent ist.
Im Kontext dieses Buches werden nicht die soteriologischen und religiösen Aspekte, sondern die sprachphilosophischen Argumente Nāgārjunas, seine Erkenntnistheorie und seine Ratschläge zu einem ethischen Leben zur Erörterung herangezogen. Für die philologische, kulturhistorisch und textimmanente Zuordnung und Deutung seines Werkes muss auf andere Schriften verwiesen werden, denn Nāgārjuna wird – wie Wittgenstein - z.T. sehr kontrovers interpretiert. Die philosophische Auseinandersetzung mit beiden Autoren findet daher unvermeidbar bereits bei der Darstellung, Übersetzung und Paraphrasierung ihrer Werke statt, bei Nāgārjuna bereits bei der Übersetzung, die immer auch Interpretation ist.
Es gab in der Geschichte wiederholt große Philosophen, die durch die Begegnung mit dem Buddhismus zu renommierten eigenen Philosophien inspiriert wurden, ohne alle Aspekte des umfangreichen Lehrkorpus assimiliert oder eine komplette Synthese geliefert zu haben (Schopenhauer, Nietzsche, Heidegger u.a.). Auch in diesem Rahmen können Nāgārjunas und Wittgensteins Philosophien nicht vollständig dargestellt und assimiliert werden, stattdessen wird Nāgārjuna aus der Perspektive und mit den Fragestellungen der Philosophie Wittgensteins gelesen und Wittgenstein aus der Perspektive und mit den Antworten der Madhyamaka-Philosophie verstanden, wodurch einige wichtige Punkte vergleichbar werden. Ansonsten ähneln sich die beiden Philosophien weder hinsichtlich ihres Vokabulars, noch verfolgen sie dasselbe Ziel:
Wittgenstein zeigt die Bedeutung der Worte als ihren Gebrauch in Sprachspielen und Nāgārjuna widerlegt mit Leerheit *(śūnyatā)* konsequent jede essentialistische Position. Wittgenstein löst die Grenzen der Sprache durch Ausdehnung des Begriffs in der Weite auf, Nāgārjuna durchdringt die sprachlichen Grenzen in der Tiefe, indem er ihre widersprüchlichen Strukturen aufdeckt. Ob und inwiefern beide Philosophen mit ihrem jeweils eigenen Ansatz einen Ausweg aus den Grenzen der Sprache aufzeigen und worin dieser bestehen könnte, soll ihre philosophische Gegenüberstellung ergeben. Dabei wird sich zeigen, dass die Grenzen des Sprachlichen nur überwunden werden können, wenn sie zunächst erkannt und angenommen werden. Erst in einem

Bewusstsein sprachbedingter Grenzen kann konzeptuelles Denken beruhigt und stattdessen eine nicht-sprachliche Erfahrungsebene als Grundlage einer ethischen Lebensführung jenseits von sprachlichen Konzepten wie ‚Gut' und ‚Böse' entwickelt werden.

Während Wittgenstein diesen Ausweg nur durch einige Hinweise andeutet, schreibt Nāgārjuna wiederholt, dass sich seine Lehren am besten auf dem Weg der Einsicht, der eigenen kontemplativen Praxis und der persönlichen Erfahrung verstehen, erschließen und schließlich realisieren lassen. Insofern kann die für dieses Buch gewählte Art des logos-zentrierten Philosophierens griechischer Herkunft Nāgārjuna nur beschränkt gerecht werden: nur einige Argumente können konzeptuell nachvollzogen werden, andere müssten erfahren werden, um eingesehen zu werden und ihre ganze Kraft zu entfalten. Andererseits stellt Nāgārjunas Philosophie einige Gewohnheiten westlicher Art zu philosophieren in Frage und ist daher auch für diese interessant.

In der jungen Disziplin interkulturellen Philosophierens gibt es noch keine alleinig von allen anerkannte meta-ethische Methode, keinen Nullpunkt und keine objektive Betrachtung der beteiligten Philosophien. Dieser Vergleich kann daher nur einen Versuch darstellen, die philosophische Perspektive in den ohnehin bereits stattfindenden Austausch und Dialog der Kulturen und Religionen einzubeziehen.

Dass die vorliegenden Übersetzungen einschlägiger Texte z.T. erheblich voneinander abweichen, zeigt eine Eigenschaft der Sprache, die hier zur Debatte steht – die Abhängigkeit der Bedeutung von Worten vom Gebrauch, vom Kontext, von der Kultur und den Absichten der Beteiligten – wie ein Gedicht, das niemals auf eine objektive Bedeutung oder die vermutete Absicht des Verfassers zu reduzieren ist. Im hermeneutischen Kontext interkultureller Philosophie dürfen Worte nicht zu präzise untersucht werden, sonst ist kein Dialog möglich[1] und der Blick aus der Meta-Ebene in einer interkulturellen Perspektive verstellt. ‚Menschenwürde' wäre nie in die UN-Charta der Menschenrechte aufgenommen worden, hätte zuvor eine einvernehmliche Definition erlangt werden müssen; unscharf, offen und mit seinem appellierenden Gehalt konnte der Begriff jedoch gerade ob seiner Vagheit und Vieldeutigkeit seine konstruktive Wirkung erfüllen. Möchte man von Hamburg nach Indien reisen und die ganze Strecke überblicken, macht es im Geiste Wittgensteins wenig Sinn ein Mikro-

[1] Mall (1995) S. 25

skop dafür einzusetzen, das andernorts durchaus ein sinnvolles Untersuchungsinstrument sein kann. Natürlich hat Nāgārjuna keinen Begriff für ‚Familienähnlichkeit' und ‚Regelfolgen' - und Wittgenstein keinen für ‚*śūnyatā*' und ‚*pratītyasamutpāda*' - aber davon abstrahiert, lassen sich einige ihrer Argumente in Beziehung setzen und gegenseitig ergänzen. Darin liegen Interesse und möglicher Gewinn interkultureller Philosophieprojekte: Lösung globaler Probleme, die oft nur kulturübergreifend gelöst werden können.

Unter ausschließlicher Betonung der Unterschiede und präziser Analyse der sprachlichen Details würde sich der Untersuchungsgegenstand vollständig auflösen und nichts wäre mehr mit anderem vergleichbar, allein weil es anders ist (1); soll hingegen der Horizont auf eine globale Perspektive erweitert, Reichtum, Tiefe und Präzision verschiedener Lebensformen und Denktraditionen erschlossen werden, können Berührungsängste und ‚philosophische Apartheid' überwunden, vergleichbare Elemente gefunden und einige sogar ergänzend zusammengeführt werden (2). Der zweite Ansatz liegt folgendem Vergleich und Synthese zugrunde. Darin werden zwar die gravierenden Unterschieden zwischen Wittgensteins und Nāgārjunas Philosophie besprochen, diese aber hauptsächlich auf den sehr unterschiedlichen kulturellen und historischen Kontext zurückgeführt, dem daher zum besseren Verständnis jeweils ein eigenes Kapitel gewidmet ist. Abstrahiert man davon, kommen einzelne Ähnlichkeiten und Parallelen zum Vorschein, die im letzten Teil verglichen und partiell zusammengeführt werden.

2. Aspekte der Sprachphilosophie von Platon zur ‚linguistischen Wende'

Um Wittgenstein zu verstehen ist es hilfreich, sich an die Ursprünge westlicher Sprachphilosophie zu erinnern. Schon in den Ursprüngen kontinentaleuropäischer Philosophie, bei den frühen Griechen, spielt Sprache eine wichtige Rolle[2]. Dabei werden Völker nicht-griechischer Sprachen als Barbaren bezeichnet und die griechische Sprache ins kosmisch Universelle hypostasiert: Dingen kommen von Natur (*physis*) aus die richtigen Benennungen *(nomoi)* zu.[3] Für Platon sind Worte und Denken eins, sind Ausdruck (Kommunikation) und Eindruck (Kognition) in der Sprache verbunden. In den Aporien des Kratylos schließt Platon, dass sich die Richtigkeit der Worte nicht nur auf die Natur (*physis*) sondern *auch* auf das menschliche Setzen (*thesis*) durch Vertrag (*syntheke*), Übereinkunft (*homologia*), Gesetz (*nomos*) und Gewohnheit (*ethos*) gründen müsse[4]. Aus der Doppelnatur der Sprache und ihrer unzuverlässigen Abbildung der Wirklichkeit schließt er, dass Sprache nicht zu den wirklich wichtigen Fragen der Philosophie gehöre und kein zuverlässiges Erkenntnismittel darstellt[5]. Im Fokus der Philosophie steht schon damals allein die kognitive Funktion der Sprache - *einer* Sprache stellvertretend für *alle* Sprachen. Probleme der Logik werden nicht als Sprachprobleme angesehen. Platon bemerkt zwar, dass der Satz vom Widerspruch nicht widerlegt oder begründet werden kann, ohne ihn vorauszusetzen, die Notwendigkeit der *petitio principio* wird aber nicht als sprachstrukturelles Problem verstanden.

Aristoteles (384-322 v. Chr.) unterscheidet das Denken (*conceptus*) als für alle Menschen gleiche Ebenbilder der Dinge (*homoimata* als *affectionis animi)*, von deren unterschiedlichen Verlautbarungen (*voces*), die lediglich Symbole (*symbola*) oder Zeichen (*semeia*) sind. Dadurch wird für die abendländische Sprachgeschichte die kognitive Funktion der Sprache von ihrer kommunikativen Funktion getrennt und schließlich die Aussagenlogik entwickelt. Primäres Erkenntnismittel ist allein das Denken, Sprache als historisch kontingent bleibt sekundär und wird nur insofern philosophisch thematisiert, als sie behauptend ist (*logos apophantikos*) – also nach

---

[2] Die referierten Elemente der Geschichte der Sprachphilosophie basieren im Wesentlichen auf Trabant (2006) S. 24 ff. u. Cassirer (1996) Kap. „Sprache" (S. 171-211) mit weiteren Erklärungen.
[3] Eco (1993), Benviste (1958) zit. nach Trabant (2006) S. 25.
[4] Kratylos 384. http://www.zeno.org/Philosophie/M/Platon/Kratylos .
[5] Cassirer (1996) S. 176 f.

wahr oder falsch unterschieden werden kann. Andere Modi wie Bitten (*euche*) und Schönsprechen werden abgesondert und der Rhetorik und Poetik zugeordnet.
Von den griechischen Ursprüngen bis heute wird das Sein einer von Sprache und Wahrnehmung unabhängigen, ursprünglichen Wirklichkeit gesucht, die von Sprache und Denken korrekt erfasst und ausgedrückt werden soll. Dafür muss Wirklichkeit primär, Sprache aber sekundär sein, was auf eine a priori Annahme eines Primats hinausläuft – sei es kategorial, kausal, qualitativ oder historisch. Hierarchie wird immer angenommen bzw. etabliert. Als Favorit für das Primäre wird im Laufe der Geschichte mal Geist oder Denken angesehen, mal die Sprache oder das Sein, mal die Materie oder Gott; aber keine Hierarchie und sprachlich ausgedrückte Verhältnisse sind widerspruchsfrei. Die lógos-zentrierte Frage ‚was ist x wirklich?' oder ‚was ist das Wesen von x?' hat sich in zwei Jahrtausenden so wenig geändert, wie der Streit um den Ursprung, um das Sein oder um Ursache und Wirkung. Ein ganzheitliches Verständnis der Wirklichkeit als Prozess in *gegenseitiger* Abhängigkeit feldartiger Verbindungen nicht fixierter Phänomene, zu denen auch die Sprache gehört, und die von Moment zu Moment entstehen und vergehen - wird nur sehr selten und nur ansatzweise in Betracht gezogen. Alternative Ansätze, die mit der buddhistischen Philosophie des abhängigen Entstehens vergleichbar sind, wie die Flussfragmente und der polare Wirkungsgrund des Heraklit (520-460 v. Chr.) oder die Leerheit des Pyrrhon von Elis (360-270 v. Chr.)[6] mit seiner Urteilsenthaltsamkeit (pyrrhoneischer Skeptizismus), konnten sich nicht durchsetzen. Die Probleme, Auseinandersetzungen und Positionen der Ursprungszeit westlicher Sprachphilosophie sind im Grunde bis heute gleich geblieben und wurden lediglich in Details variiert, bereichert und neu benannt, aber nicht gelöst.
Die kognitive Funktion der Sprache wird philosophisch als erstrangig angesehen, weil sie der Wahrheitssuche dient, während die kommunikative Funktion der Sprache vernachlässigt wird. Die weit verbreitete biblische Geschichte über den Turmbau zu Babel als Ursprung der Sprachverwirrung[7] trägt Jahrhunderte lang ein Übriges zur Verbreitung dieser wertenden (priorisierenden) Einschätzung bei. Dabei ist die Botschaft der Sprachverwirrung, der unmöglichen Kommunikation der Menschen untereinander, die populäre Seite der Geschichte; die Veranschaulichung der Unmög-

---

[6] Conche (1974)
[7] Moses 1.11, 1-9 (AT); Hartmann (1999) weist für fünf Kontinente insgesamt 60 Legenden bzw. Überlieferungen eines unterbrochenen Turmbaus mit Sprachverwirrung nach.

lichkeit, den Himmel (als Symbol für Erkenntnis, Frieden, Einheit) *„bottom up"* - also via Sprache - zu erreichen, ist weniger bekannt, trägt aber zum Streben nach einer einheitlichen und universellen Sprache bei, die eine als objektiv und unabhängig konzipierte Wirklichkeit ohne Verwirrung artikulieren und direktes Zeugnis von ihr ablegen könnte. So ging Athanasius Kirchner davon aus, dass alle Sprachen auf die ideale Grammatik des Latein zurückzuführen seien[8]. Bis in die Philosophie des 20. Jh. reicht diese Vorstellung einer Idealsprache – mit einerseits Heideggers Glaube an eine natürliche Idealsprache und andererseits Wittgensteins Frühwerk als Projekt und Hoffnung auf eine ‚wissenschaftlich korrekte' Idealsprache, als Fortführung der Ansätze Russels und Freges. Die von Bergmann und Rorty später ‚linguistische Wende' genannte Hinwendung zur Sprache und analytischen Philosophie wird vom frühen Wittgenstein maßgeblich beeinflusst und hat das alte Thema der apophantischen Rede und Idealsprache über Wahrheit auf dem paradigmatischen Hintergrund des Wissenschaftlichkeitsdogmas und der formalen Logik neu formuliert[9].
Eine vergleichbare Position des Glaubens an absolute und vollständige Erkenntnis vermittels der Sprache und einer in Sprache formulierbaren Dinghaftigkeit der Welt wird im Indien des 2. Jh. von Nāgārjuna zurückgewiesen.
Diese wenigen Elemente der Geschichte der Sprachphilosophie müssen in diesem Rahmen reichen, einen Eindruck der historisch kontingent gewachsenen Bedeutung der apophantischen Rede zu vermitteln, auf deren Hintergrund sich Wittgensteins Revolution, Sprache auf eine Metaebene zu heben, umso deutlicher abhebt: statt zu fragen, was sagt die Sprache über die Wirklichkeit, fragt er, was sagt das ‚Sprechen über die Wirklichkeit' über das Sprechen. Seitdem wird statt im metaphysischen Paradigma, überwiegend im sprachlichen Paradigma philosophiert, in dem alle Wirklichkeit durch intransparente und nicht hintergehbare Sprache strukturiert und erkannt wird.
Wittgenstein distanziert sich in seinem späteren Werk jedoch von einigen Aspekten seines früheren Projekts einer Idealsprache und rückt die kommunikative Perspektive und „Tiefengrammatik" in den Fokus philosophischer Betrachtungen, wertet die Alltagssprache auf und versteht Bedeutung im kommunikativen Wirkungsgeflecht pragmatischer Situationen und Tätigkeiten. Dieser Perspektivenwechsel im eigenen

---

[8] Eco (1995) S. 200.
[9] nach Trabant (2006) S. 304.

Werk Wittgensteins wird ebenfalls als ,linguistische Wende', häufig jedoch als *,pragmatic turn'* bezeichnet und findet z.B. in der Sprechakttheorie von Austin/Searle ihren Niederschlag. Der nicht apophantische Entwicklungszweig ist die aus der deutschen Romantik hervorgegangene ästhetisch-poetische Philosophie der Sprache, die von Fichte, Humboldt, Hegel, Nietzsche und Cassirer weiter entwickelt wurde, sowie die von Humboldt ausgehende dialogische Sprachphilosophie, die Martin Buber fortgeführt hat.

Cassirer (1879-1945), ein Zeitgenosse Wittgensteins, hat umfassend verschiedene Arten des Sprachverständnisses und Weltbezuges herausgearbeitet und gezeigt, dass primär unterschiedliche symbolische Formen zu verschiedenen Erlebniswelten führen, die verschiedene aber *vollständige* Arten sind, sich die Welt zu erschließen und die *nicht* aufeinander reduzierbar sind[10].

Wittgensteins Spätphilosophie folgt dem Anliegen, den Blick auf die Sprache zu erweitern: er bettete die verbalen Äußerungen wieder im Leben ein, in Situationen und Tätigkeiten, und nannte sie ,Sprachspiele'. Dies ist seine Hinwendung zur normalen bzw. zur Alltagssprache.

Auf diesem Hintergrund wird erst verständlich, welch wichtigen Beitrag die verschiedenen Aspekte der Philosophie Wittgensteins geleistet haben. Seine Analysen und Wortschöpfungen sind zum Teil sprichwörtlich geworden und haben Eingang in die Alltagssprache gefunden.

---

[10] Cassirer (1996) S. 103.

3. Wittgensteins Philosophie

In Wittgensteins Philosophie wird allgemein seine Frühphilosophie (bis 1929) mit seinem Hauptwerk *Tractatus logicus philosophicus* (1918 vollendet, 1921 erschienen) von seiner Spätphilosophie (~ ab Ende 1929) unterschieden, zu der sein erst posthum veröffentlichtes Hauptwerk *Philosophische Untersuchungen* (1953) und andere Schriften gehören. Einzelne Interpreten, denen hier nicht gefolgt wird, betrachten eine Übergangsphase zwischen 1929, dem Jahr Wittgensteins *„Vortrag über Ethik"*, bis 1934, dem Beginn der Aufzeichnungen zu den *Philosophischen Untersuchungen*, als Ausprägung einer eigenständigen Philosophie. Die angelsächsisch geprägte Standardinterpretation sieht Wittgenstein als Sprachanalytiker des logischen Empirismus, Positivismus bzw. Atomismus und beruft sich dafür vornehmlich auf den *Tractatus* (T), in dem Wittgenstein eine logische Primärsprache (s.u.) anstrebt und von der Referenztheorie der Sprache und dem Isomorphieprinzip ausgeht, gegenüber der er sich später selber abgrenzt. Wittgensteins späte Schriften werden in verschiedenen Phasen unterschiedlich rezipiert und z.T. gegensätzlichen Schulen zugeordnet, wozu sein aphoristischer Stil und das Zeigen des „Nichtsagbaren" beigetragen haben können. Die *ordinary language philosophy* hat sich besonders in den 60-er Jahren auf seine Spätschriften berufen. Für viele kontinentaleuropäische Interpreten steht Wittgensteins Werk für eine „Philosophie als Lebensform"[11], für „Arbeit an einem selbst" [12], eine „Form der Psychotherapie"[13], „Philosophie als Sprachtherapie"[14] usw. In dieser Lesart werden Brücken zu einem frühen Verständnis der griechischen Philosophie geschlagen, in der Praxis und Persönlichkeitsentwicklung untrennbar mit Philosophie verbunden sind[15]. Der Zusammenhang von Erkenntnis, Persönlichkeitsentwicklung und ethischem Verhalten spielt auch bei Wittgenstein eine wichtige Rolle. Obwohl er sich bemühte, jegliche Metaphysik aus der Philosophie zu eliminieren, wurde seine Spätphilosophie unter Betonung der Nichthintergehbarkeit der Sprache und ihrer Deutung als ontologische Tatsache auch metaphysisch gedeutet[16].

---

[11] Volbers (2009) S. 203.
[12] Gebauer u.a. (2009) S. 9.
[13] Hadot (1991) S. 164 f.
[14] Mittelstraß (2014) S. 12.
[15] Foucault (2010) S. 54.
[16] Lütterfelds (2004) S. 147.

Zwischen den verschiedenen Phasen gibt es neben wichtigen Unterschieden auch Gemeinsamkeiten: die wichtigsten sind Wittgensteins ständige Bereitschaft alles immer neu infrage zu stellen und seine Bescheidenheit, nicht zu glauben, endgültig zu wissen[17]. Der Philosophieansatz *„Ich kenne mich nicht aus"* ist durch Wittgensteins Tagebücher auch von seiner Frühphase bekannt. In allen Phasen spielt das Thema der Sprache und des Nichtsagbaren (Religion/Ethik/Ästhetik) eine wichtige Rolle.

Der Vergleich zu Nāgārjuna, der später vorgenommen wird, bezieht sich hauptsächlich auf Wittgensteins Spätwerk und einzelne Aspekte, mit denen er seine Frühphilosophie überwunden und widerlegt hat. Dazu gehören: Alltagssprache, Sprachspiele, Gebrauchs-Bedeutungstheorie, Familienähnlichkeit u.a., die im Kapitel zu Wittgensteins Spätwerk näher erläutert werden. Einige Punkte aus der Frühphilosophie, die Wittgenstein nicht selber expressis verbis widerrufen hat, sind zu Vergleichszwecken übernommen und jeweils extra vermerkt. Dazu gehören: Ethik, das Absolute und das Unsagbare.

3.1 Idealsprache und Ethik im Tractatus-logico-philosophicus

Das Frühwerk bezieht sich nach Wittgensteins eigener Aussage vollständig auf Ethik, die dadurch von innen begrenzt und *gezeigt* werden soll, da sie sprachlich nicht ausgeführt werden kann. In der Übergangsphase seines philosophischen Schaffens, in seinem *„Vortrag über Ethik"* (VE) von 1929, fasst Wittgenstein, seine frühe Sprachphilosophie und Position zur Ethik zusammen:

> „Es drängte mich, gegen die Grenzen der Sprache anzurennen, und dies ist, glaube ich, der Trieb aller Menschen, die je versucht haben, über Ethik oder Religion zu schreiben oder zu reden. Dieses Anrennen gegen die Wände unseres Käfigs ist völlig und absolut aussichtslos. Soweit die Ethik aus dem Wunsch hervorgeht, etwas über den endgültigen Sinn des Lebens, das absolut Gute, das absolut Wertvolle zu sagen, kann sie keine Wissenschaft sein. Durch das, was sie sagt, wird unser Wissen in keinem Sinne vermehrt. Doch es ist ein Zeugnis eines Dranges im menschlichen Bewusstsein, das ich für meinen Teil nicht anders als hochachten kann und um keinen Preis lächerlich machen würde."[18]

[17] Schickel (2012) S. 331 ff.
[18] Wittgenstein (1989) S. 19.

Wittgensteins Verständnis von Ethik hängt hier mit seinem frühen Ontologie-Konzept zusammen: die Welt besteht aus äußeren, dauerhaften und voneinander getrennten Sachverhalten und Tatsachen, von Objekten, Kräften und Beziehungen, die alle unabhängig von menschlichen Wahrnehmung, Denken und sprachlicher Kategorien existieren. „*Die Welt ist alles, was der Fall ist.*" (T 1) Sie zerfällt in bestehende Tatsachen, deren Gesamtheit sie ist. Über das Wesen der Tatsachen können wir rationales Wissen erlangen, denn „*das logische Bild der Tatsachen ist der Gedanke.*" (T 3) Die Bedeutung eines Satzes besteht in dem Sachverhalt, den er benennt und hat die allgemeine Form: „*Es verhält sich so und so.*" (T 4.5) Wie ein Gegenstand oder Tatsache sich in seine Teile zerlegen und durch Auffinden des kleinsten, nicht mehr zerlegbaren Teilchens erklären lässt, so auch der sinnvolle Satz: „*Der Satz ist eine Wahrheitsfunktion der Elementarsätze. (Der Elementarsatz ist eine Wahrheitsfunktion seiner selbst).*" (T 5)

Nimmt man eine solche äußere objektive Welt oder eine Welt-an-sich an und stellt das Postulat auf, die Sprache solle diese Welt korrekt wiedergeben, ist es naheliegend, Widersprüche, Fehler und Grenzen der korrekten Beschreibung allein auf Seiten der Sprache zu verorten. Daher müsse die Sprache entsprechend verbessert und verändert werden. Wittgenstein war der Ansicht, Sprache sei nur dann sinnvoll, wenn sie sich auf Objekte in der Welt, auf objektiv existierende Vorgänge und Phänomene bezieht und er bemühte sich, solch eine „korrekte" Sprache künstlich zu erschaffen. Darin war er stark von Russel beeinflusst und lag zeitweilig auf der Linie des Wiener Kreises, der ebenfalls eine objektive, wissenschaftliche Sprache anstrebte. Auf die Idee, dass an der materialistisch, atomistisch und mechanistischen Grundannahme über die Welt etwas nicht stimmen könnte, kam Wittgenstein damals noch nicht - Relativitätstheorie und Unschärferelation der Quantenphysik waren noch relativ unbekannt. Gewöhnliche Sätze sind zwar vage, aber nach Wittgenstein trotzdem brauchbar, weil sie auf klaren und eindeutigen Elementarsätzen beruhen, in die sie durch Sprachanalysen zerlegt werden können und die einen eindeutigen und bestimmten Sinn haben, der sich klar angeben lässt (T 3.251). Gottlob Frege (1848-1925) richtet die apriorische *Forderung der Eindeutigkeit* an Begriffe, verkennt dabei jedoch, dass Kommunikation gerade deshalb funktioniert, weil Sprache bedeutungs-*offen* ist, indem sie verschiedene Sichtweisen und Verständnismöglichkeiten zulässt (Semiotik). „Exakt" und „vage" sind relative Begriffe, deren Nützlichkeit allein von den vorgegebenen Werten, Zielen und Situationen abhängt (PU 88) - den Abstand der Sonne braucht man nicht auf ein Meter genau, die Maße dem Tischler nicht auf 0,001 mm genau angeben - mit anderen Worten kommt ihnen nicht von innen her (intrinsisch) die Eigenschaft ‚exakt' oder ‚vage' zu, sondern durch einen Maßstab der außerhalb von ihnen liegt und vom wahrnehmenden, sprechenden Subjekt mit situationsabhängigen Intentionen selber beigesteuert wird.

Dieses Sprachverständnis kleinster einfacher, nicht-zusammengesetzter Sätze steht im Zusammenhang mit einem mechanistisch-geschlossenen, positivistischen Weltbild kleinster Elementarteilchen, deren atomare Mechanismen alle anderen Vorgänge und Dinge verursachen und die identisch mit unserer Sprache konfiguriert sind (Abbild- oder logische Isomorphie-Theorie von Sprache und Welt): *„Der Konfiguration der einfachen Zeichen im Satzzeichen entspricht die Konfiguration der Gegenstände in der Sachlage."* (T 3.21) In dieser Analyse nur einer einzigen Sprache, deren Grammatik verallgemeinert wird, macht Wittgenstein in Schulterschluss mit der Wissenschaftsphilosophie gleich mehrere metaphysische Annahmen über das Wesen der Wirklichkeit (und der Sprache), von denen er sich in seiner Spätphilosophie wieder distanziert.

In seiner Tatsachen-Welt haben ethische Werte und Moral keinen Platz und keine Funktion: *„In der Welt ist alles wie es ist und geschieht alles wie es geschieht; es gibt in ihr keinen Wert – und wenn es ihn gäbe, so hätte er keinen Wert"* (T 6.41); denn: *„Gut und Böse tritt erst durch das Subjekt [in die Welt] ein. Und das Subjekt gehört nicht zur Welt, sondern ist eine Grenze der Welt. [...] so sind gut und böse, Prädikate des Subjekts, nicht Eigenschaften in der Welt.*" (*Tagebücher* (Tb) 2.8.1916). In einer auf Sachverhalten beschränkten Welt ist *„das Subjekt [...] eine Voraussetzung ihrer Existenz*" (eda.). Wenn Sätze *„nichts Höheres ausdrücken [können] (T 6.42)* ist damit *„klar, dass sich die Ethik nicht aussprechen lässt*" (T 6.421). Ethischer Diskurs ist damit sinnlos[19]. Die Descart'sche Weltspaltung in res extensa und res cogitans konsequent auf eine Sprache ohne Metaphysik angewandt, muss zum Schweigen über Ethik führen. Somit endet Wittgensteins *Tractatus* mit dem programmatischen Satz: *„Wovon man nicht sprechen kann, darüber muss man schweigen"* (T 7). Das ist aber nicht der Anfangspunkt, sondern der Endpunkt. Zuvor

[19] ‚sinnlos' ist nicht identisch mit ‚unsinnig'. Schlieter (2000) S. 95: „der sinn*lose* Satz ist nach seiner Überprüfung (gleichsam *a posteriori*) ortlos, und der *un*sinnige Satz *a priori* seiner Überprüfbarkeit enthoben".

gilt es, das Unaussprechliche zu *zeigen* (ein Motiv, das wir auch bei Nāgārjuna finden werden): „Es gibt allerdings Unaussprechliches. Dies *zeigt* sich, es ist das Mystische" (T 6.522). „Die Ethik ist transzendental" (T 6.421), sie kann sich nicht im Diskurs manifestieren, sondern ist dessen Bedingung. „Nicht *wie* die Welt ist, ist das Mystische, sondern *dass* sie ist" (T 6.44).
Wittgensteins zentrale Fragen der Ethik: *„was ist gut?"* und *„was ist der Sinn des Lebens?"* (VE 10 f.) könnten nur von außerhalb der Welt beantwortet werden: *„Der Sinn der Welt muss außerhalb ihrer liegen"* (T 6.41). Es gibt „*die* Welt", die Gesamtheit der bestehenden Sachverhalte, über die man sich verständigen kann, und die ethische Sicht *auf* die Welt durch die das Subjekt die Welt bewertet und sich damit eine eigene „Lebenswelt" schafft, wie Wittgenstein diese später bezeichnen wird. Das Subjekt wird in guter philosophischer Tradition außerhalb der Welt verortet: „Die Lösung des Rätsels des Lebens in Raum und Zeit liegt außerhalb von Raum und Zeit" (T 6.4312). Das Dilemma der substanziellen Trennung von Körper und Geist, mit dem sich Philosophen vieler Epochen auseinandergesetzt haben, ohne es kohärent und konklusiv zu lösen, führt auch Wittgenstein in spekulative Widersprüche. Seine Ethik handelt von der Welt des Subjekts außerhalb und innerhalb der Welt: *„Die Welt des Glücklichen ist eine andere als die des Unglücklichen"* (T 6.43), aber darüber können keine [wahrheitsfähigen] Aussagen gemacht werden: *„Im Bereich des Ethischen ‚...lässt sich nichts mehr konstatieren; ich kann nur als Persönlichkeit hervortreten und in der ersten Person sprechen"* (Wittgenstein und der Wiener Kreis (WWK) 117).

Gegen Ende seiner **Übergangsphase**, in seinem Vortrag über Ethik (VE), tritt Wittgenstein persönlich hervor und stellt erstmalig den grundsätzlichen Dualismus Subjekt vs. Welt und Sprache seines *Tractatus* in Frage. Nun stellt Wittgenstein fest, dass im Wissenschafts-Paradigma, das der Forderung nach einer objektiven Sprache zugrunde liegt, selbst viele unsichere und unbegründete Annahmen gemacht werden (müssen). Darin unterscheidet sich Wissenschaft nicht grundlegend von Mythologien anderer Kulturen, Epochen und Paradigmen, weil sie die Rolle der Sprache, mit der alles gesagt wird, „nicht in ausreichendem Maße beachtet [...], so dass das ‚logos-

zentrierte' Vorgehen notwendig scheitern muss"[20]. Vernünftiges Wissen, das der typische Wissenschaftler der Moderne zu finden sucht, ist nicht möglich, ohne unbegründete „unvernünftige Voraussetzung zu machen"[21]. Qualitäten wohnen keinem Ding an sich inne, sondern beziehen sich immer auf Situationen und damit verbundene Sichtweisen und Anforderungen. Es gibt aber sehr viele Situationen und Weisen die Sprache zu verwenden. Davon ist wissenschaftlicher Fakten-Diskurs nur eine Weise, Poesie und Philosophie sind andere. Philosophie scheitert, wenn sie versuch ebenso faktisch zu reden [apophantische Rede] wie Wissenschaft, da sie damit nicht das Ganze zu fassen vermag. Dadurch verliert Bedeutungs-Analyse ihren Rang als wichtigste philosophische Methode. Sprache ist immer in Situationen eingebettet: absolute Ausdrücke, d.h. Worte außerhalb jeden Zusammenhangs, verlieren ihre Daseinsberechtigung. Der Versuch, etwas auszudrücken, was nicht ausgedrückt werden kann, ist zwar unsinnig; aber da solche Sätze etwas auszudrücken versuchen, scheinen sie auf eine bestimmte Weise doch sinnvoll zu sein.
Der späte Wittgenstein muss also nicht mehr über Ethik schweigen, sondern kann sich sinnvoll darüber verständigen.

3.2 Sprachphilosophie in den *Philosophische[n] Untersuchungen*

In Wittgensteins **Spätphilosophie**, die neben den *Philosophischen Untersuchungen* (PU) noch viele andere Schriften enthält, die hier nur bruchstückhaft berücksichtigt werden können, wendet er sich von dem Gedanken ab, es gäbe eine a priori angenommene Tatsachen-Welt, die mit einer idealen Sprache ‚korrekt' erfasst werden könnte: "*Die phänomenologische Sprache oder ‚primäre Sprache' wie ich sie nannte schwebt mir jetzt nicht als Ziel vor; ich halte sie jetzt nicht mehr für möglich.*" (Manuskript (MS) 107, 205, 25.11.1929).
Das Wirklichkeitsverständnis der PU beruht vielmehr auf dem nicht hintergehbaren Fundament der mit dem Leben verwobenen *Alltagssprache*.
Im Folgenden werden die zentralen Konzepte seines Spätwerks dargestellt: in „Sprachspielen" gehören Sprache und Tätigkeiten zusammen, die „Bedeutung" der Worte ist ihr Gebrauch und wird von Regeln geleitet; es gibt keine „Privatsprache",

[20] Wachtendorf (2008) S. 21.
[21] ebd.

sondern Oberflächen- und „Tiefengrammatik". Außerhalb jeden Lebenszusammenhangs haben Worte und Sätze keine Bedeutung mehr: wo Worte isoliert, definiert und essenzialisiert werden, dort ‚feiert' die Sprache lediglich. Für die Untersuchung der natürlichen Sprachen postuliert Wittgenstein das Konzept der „Familienähnlichkeiten". Andererseits muss nicht jedem Wort ein Gegenstand zugeordnet werden können, damit das Wort bedeutungsvoll ist; denn Sprache hat ihre Grenzen, die auch gezeigt werden können. Speziell dieser Aspekt wird weitreichende Konsequenzen für den möglichen Erkenntnishorizont und das Ethik-Verständnis haben.

Sprachspiele

Im Konzept „Sprachspiele" verbindet Wittgenstein Handeln und Sprechen in einem neuen integrierenden Begriff: „Ich werde auch das Ganze: der Sprache und der Tätigkeiten, mit denen sie verwoben ist, das ‚Sprachspiel' nennen" (PU 7).
Im zentralen PU 23 zeigt Wittgenstein, wie die konkrete Verwendungsweise von Tätigkeit und Sprache zu verstehen ist:

> „Wieviele Arten der Sätze gibt es aber? [...] Es gibt unzählige solcher Arten: [...] Und diese Mannigfaltigkeit ist nichts Festes, ein für allemal Gegebenes; sondern neue Typen der Sprache, neue Sprachspiele [...] entstehen und andre veralten und werden vergessen. [...] Das Wort „Sprachspiel " soll hier hervorheben, dass das Sprechen der Sprache ein Teil ist einer Tätigkeit, oder einer Lebensform. Führe dir die Mannigfaltigkeit der Sprachspiele [...] vor Augen:" (PU 23)

Dann folgen 25 Beispiele die von *Befehlen* und *nach Befehlen handeln* über *Gegenstände herstellen*, *Vermuten*, *Berichten*, *Witze machen*, *Übersetzen* u.a. bis zu *Bitten*, *Danken*, *Fluchen*, *Grüßen* und *Beten* reichen; abschließend kommentiert Wittgenstein:

> „Es ist interessant, die Mannigfaltigkeit der Werkzeuge der Sprache und ihrer Verwendungsweisen, die Mannigfaltigkeit der Wort- und Satzarten, mit dem zu vergleichen, was Logiker über den Bau der Sprache gesagt haben. (Und auch der Verfasser der Logisch-Philosophischen Abhandlung.)" (PU 23)

Unter den Tätigkeiten der unzähligen Sprachspiele subsummiert Wittgenstein ebenso unreflektiert primitives *Verhalten* wie bewusst reflektierte und elaborierte *Handlungen* (Zettel (Z) 540 und 545). Z.B. sind Empfindungen ‚primitive' Reaktionen, da mit ihnen keine Denkaktivität verbunden ist, sie sind ‚vorsprachlich': „Was aber will hier das Wort ‚primitiv' sagen? Doch wohl, dass die Verhaltungsweise [sic!] *vorsprachlich* ist: dass ein Sprachspiel auf *ihr* beruht, dass sie das Prototyp einer Denkweise ist – nicht das Ergebnis des Denkens." (Z 541). Im Sprachspiel sind alle Elemente einer vollständigen Sprache – wie Tätigkeit (deiktische Gesten) und Wörter - vorhanden (PU 2 und 18). Elaborierte Sprachspiele sind auch nur ein *„Ausbau des primitiven Benehmens"* (Z 545); die Übergänge von nicht rationalen (primitiven) Reaktionen auf Umstände und einfachen Tätigkeiten zu elaborierten Sprachspielen verlaufen kontinuierlich und sind nicht scharf abgegrenzt: *„das Sprachspiel [ist] sozusagen etwas Unvorhersehbares [...] Ich meine: Es ist nicht begründet. Nicht vernünftig (oder unvernünftig). Es steht da – wie unser Leben"* (Über Gewissheit (ÜG) 559). *„Ich bin dann geneigt zu sagen: 'So handle ich eben'"* (PU 217).

Damit ist das Grundsätzliche, auf das unsere Lebenswelt zurückgeht, nicht der Geist, nicht das Denken, nicht das Atom, nicht das Wort, nicht das Einfache, sondern „unser Leben" als Ganzes - in all seiner Fülle und Komplexität – und Sprache ist damit verschränkt. Wittgensteins Sprache ist nicht als ontologischer Grund, als Primat, von dem sich alles andere ableiten lässt, zu verstehen.

Historisch primär und zentral sind lediglich die Sprachspiele, in denen bereits mehrere Aspekte zusammenkommen, die sich nicht wieder auseinander dividieren lassen. Gerade weil unsere Sprache in „Entweder-Oder-Strukturen" abläuft und Wittgenstein die gestaltende Wahrnehmungskraft dieser Sprachstruktur durchschaut hat, ist er vorsichtig mit Festlegungen ‚entweder dieses oder jenes' und lässt die Frage der Ontologie in der Schwebe – er sagt lediglich Sprache ist nicht hintergehbar. Es könnte auch ganz anders sein, als die Sprache vermuten lässt. Mehr Aufschluss über Sprache leitet Wittgenstein deswegen aus der Art ab, sie zu lernen.

Wie aber lernen wir Sprache, wie Sprachspiele? Wittgenstein beginnt seine *Philosophischen Untersuchungen* mit der Augustinischen Lehre des „Sprachlernens durch Hinweisen", aber moniert, dass dies niemals funktionieren kann, bevor nicht „klar ist, welche Rolle das Wort in der Sprache überhaupt spielen soll" (PU 30) – das Problem des hermeneutischen Zirkels. Nach Wittgenstein funktioniert Spracherlernen nur in konkreten Zusammenhängen und existiert niemals losgelöst davon – jeder Zusammenhang aber ist komplex. *„Lernen durch Hinweisen"* , wie es bei Augustinus postuliert wird, erklärt nur einen kleinen Teil des Lernprozesses, der den Spracherwerb begleitet; viele Worte haben nichts mit etwas zu tun, auf das man hinweisen könnte, aber...

„wir spüren, dass wir [...] gleichwohl auf etwas zeigen sollten (Wir haben es hier mit einer der großen Quellen philosophischer Verwirrung zu tun: ein Substantiv lässt uns nach einem Ding suchen, das ihm entspricht)". [22]

[Man kann ergänzen: schon das Wort ‚begreifen' lässt auf eine Übertragung dinglicher Gegebenheit auf das Geistige (*mind*) schließen, die durch nichts gerechtfertigt ist, denn wonach sollte man im Geistigen *greifen* ?[23]]
Wittgenstein erweitert das Thema der philosophisch relevanten Sprache damit auf den im Abendland nie zuvor gleichermaßen in den Fokus genommenen Bereich der Alltagssprache. Er orientiert Sprache nun am tatsächlichen Vollzug des Lebens in regelgeleiteten Sprachspielen und grenzt diese von einer philosophisch spekulativen Weise, Sprache losgelöst von ihrem Gebrauch zu deuten, ab. Auch darin bestehen Parallelen zu Nāgārjuna, der „konventionelle" Sprache als „konventionell wahr" bezeichnet, sie unverändert lässt, wie sie ist, aber sie durschaut, an ihre Grenzen führt und damit das Nicht-Sagbare aufzu*zeigen* vermag.
Beim Wahrheitsbegriff des späten Wittgensteins liegen die Gründe für „wahr" in den Sprachspielen – statt in äußeren Sachverhalten wie in seiner frühen Ontologie. „*Wenn das Wahre das Begründete ist, dann ist der Grund nicht wahr, noch falsch*" (ÜG 205). „*Die Erklärungen haben irgendwo ein Ende*" (PU 1). Indem die Grenzen des Erklär- und Beweisbaren aufgezeigt werden, werden auch Pseudoerklärungen als solche entlarvt. Das Verhältnis von Sprache zur materiellen Ontologie ist nun umgekehrt: Sprache bezieht sich nicht mehr auf eine Welt aus Gegenständen, sondern ist selbst der letzte Grund, der die Welterkenntnis strukturiert. Sprache, muss vorausgesetzt werden, weil sie selbst nicht erklärt werden kann. Sie prägt unsere Sicht auf die – wie auch immer geartete - Welt. Sprechen in Sprachspielen ist im tätigen Leben eingebundenes Sprechen und in seiner Gesamtheit eine **Lebensform.**
Der Kern des *Tractatus*, die Behauptung einer feststehenden Verbindung zwischen Sprache und Welt, ist nur durch eine unabhängige ‚Substanz' haltbar: „*Hätte die Welt keine Substanz, so würde, ob ein Satz Sinn hat, davon abhängen, ob ein anderer Satz wahr ist:*" (T 2.0211) In Wittgensteins spätem Verständnis von Sprache und Welt ist genau dies der Fall.

---

[22] Blaues Buch (BlB) S. 15
[23] auch andere Sprachen übertragen diese Metapher der dinglichen Welt auf geistige Vorgänge: frz. *comprendre,* engl. *comprehend* [u.a.].

Bedeutung

In seinen *‚Philosophische[n] Untersuchungen*' verwirft Wittgenstein die realistische Theorie der Bedeutung, in der Worte für Gegenstände stehen und wird nun „eine *große* Klasse von Fällen der Benützung des Wortes ‚Bedeutung' – wenn auch nicht für *alle* Fälle seiner Benützung – dieses Wort so erklären: Die Bedeutung eines Wortes ist sein Gebrauch in der Sprache" (PU 43). Wittgenstein vergleicht die Benutzung der Worte mit „Werkzeugen in einem Werkzeugkasten, die sich durch ihre Verwendung und Funktionsweise charakterisieren" (BlB S. 107, PU 11). Die Sprache und ihre Begriffe sind Instrumente (PU 569), die pragmatisch in einem sozialen Kontext, in Sprachspielen, zu verwenden und zu verstehen sind, indem sie Regeln folgen, die überprüft werden können. Auch die Bedeutung eines Satzes ist als sein situationsgebundener Gebrauch zu analysieren, dessen Sinn und Wahrheitsgehalt sich erst aus einem komplexen Geflecht von Bedeutungen anderer Sätze in ihrem konkreten Kontext ergibt. Worte und Sätze verweisen gegenseitig auf sich, ohne dass an irgendeiner Stelle ein Durchbruch und Bezug zu einer von ihr unabhängigen Substanz nötig ist. Sprache kann insbesondere nicht auf eine objektive, sprachunabhängige Wirklichkeit verweisen, sie besitzt keine intrinsische Bedeutung über die in ihr durch Konvention verdichtete Bedeutung hinaus, die sich im jeweiligen Gebrauch zeigt. Die Annahme einer isomorphen Verbindung von Sprache und Gegenständen löst sich auf, sobald kein absoluter Ausgangspunkt für eine phänomenologische Sprache mehr postuliert wird. Zehn Jahre nach Erscheinen des Tractatus löst Wittgenstein konsequent seinen früheren Glauben an eine Substanz der Welt auf und verabschiedet den logischen Atomismus.

> „...lasst uns nicht vergessen, daß ein Wort keine Bedeutung hat, die ihm gleichsam von einer uns unabhängigen Macht gegeben wurde, so daß man eine Art wissenschaftlicher Untersuchung anstellen könnte, um herauszufinden, was das Wort *wirklich* bedeutet. Ein Wort hat die Bedeutung, die jemand ihm gegeben hat" (Braunes Buch (BrB) 52).

Damit ist kein einzelner Jemand gemeint, denn Wittgenstein widerlegt die Möglichkeit privatsprachlicher Bedeutung, sondern die Praxis einer Sprechergemeinschaft *„Nur in der Praxis einer Sprache kann ein Wort Bedeutung haben"* (*Bemerkungen über die Grundlagen der Mathematik* (BGM) 344, 41). Sprachpraxis muss regelmäßig sein und den Regeln folgen, die sich aus dem Gebrauch der Sprache einer Gemeinschaft Sprachspielender schließen lassen. Die Sprechergemeinschaft überwacht zugleich ihre Regeleinhaltung, ahndet Verstöße oder toleriert und integriert Veränderungen.

Ein weiterer Aspekt ist die Persistenz von ‚Bedeutung'. Sprache wird im Allgemeinen als die objektive, sinnlich *fixierte Bedeutung* angesehen, die sich im Geschehen einlagert – d.h. Bedeutung geht nicht in der Zeitlichkeit des Vorganges auf, sondern überdauert den Augenblick ihrer aktuellen Vergegenwärtigung, sie überwindet die Zeitlichkeit durch ihren „objektiv" vorliegenden Gehalt. Die Sinnhaftigkeit gründet in der Sprache selbst und verleiht sich Beständigkeit unabhängig von subjektivem Belieben und scheinbar objektiven Gegebenheiten. Bestenfalls treten diese in Wechselbeziehung mit dem Bereich der Sprache[24]. Einer universalistisch-realistischen Bedeutungstheorie widerspricht Wittgenstein ebenso wie dem subjektivistischen Extrem – einer ‚privaten Sprache'. Sein (Anti-) Privatsprachenargument und seine ‚Gebrauchstheorie der Bedeutung' wenden sich gegen *beide* Extreme.[25]

In Bezug auf Bedeutung untersucht Wittgenstein anhand von Zeichnungen die innere Erfahrung des Aspektwechsels oder Bemerken eines Aspektes, in dem Deuten, Sehen und Wissen sich gegenseitig beeinflussen (PU II 519 ff)[26]:

Als Hasenkopf gesehen hat das Bild nichts mit einem Entenkopf gemein und viceversa. Dass sie kongruent sind, entgeht einem besonders leicht, wenn der Kopf von weiteren Hasen- oder Enten-Köpfen umgeben ist. *„wir können auch die Illustration einmal als das eine, einmal als das andere Ding sehen. – Wir deuten sie also, und sehen sie, wie wir sie deuten."* (eda.) Sehen aber ist direkt, deuten indirekt, wissend um die Unverändertheit des Bildes, nimmt man es doch anders wahr. „Der Ausdruck

[24] Cassirer (2001) S. 24.
[25] Man könnte den Ausschluss der beiden Extreme als ein Plädoyer für einen „mittleren Weg" interpretieren. Eine moderate Haltung wird in der westlichen Philosophiegeschichte prominent von Aristoteles beschworen, aber auch Nāgārjuna nennt seine ganze Philosophie ‚Mittleren Weg'.
[26] ebd. entnommen aus Jastrow, Fact and Fable in Psychology.

des Aspektwechsels ist der Ausdruck einer *neuen* Wahrnehmung, zugleich mit dem Ausdruck der unveränderten Wahrnehmung", im Bereich zwischen denken, deuten und sehen findet eine aktiv gestaltende Beteiligung am Wahrnehmen und Wahrgenommenen statt.

Aspektwechsel oder ‚Aufleuchten' eines Aspekts (PU II 520) wird auch bei Nāgārjuna - dort zum Verständnis des Verhältnisses zweier Wahrheitsebenen - eine Rolle spielen (ohne so genannt zu werden).

Regeln folgen und Grammatik

Das wichtigste Merkmal des *Spiels* ist, nach Regeln zu verlaufen, sonst wäre die Mannigfaltigkeit der Sprachspiele ein Chaos und würde keine Verständigung und kein Spiel erlauben. Sprache und Regeln haben von Anfang an eine miteinander verbundene Entstehungsgeschichte, in der anfänglich regelmäßige Tätigkeiten mit regelmäßigem Lautgebrauch korrelieren, die dabei durch Vor- und Nachmachen vermittelt werden (PU 208) und aus denen später einfache Regeln für die Verwendung von Lauten und Wörtern entstehen. Auch zwischen Regel und Sprechen gibt es kein Primat oder Metaregeln zum Regel-lernen und Regel-anwenden, *„sondern [...] von Fall zu Fall* [äußert sich...] *was wir ‚der Regel folgen', und was wir ‚ihr entgegenhalten' nennen*" (PU 201). Man kann diese Art zu lernen mit kybernetischen Rückkopplungseffekten lebender Systeme vergleichen, die nicht monokausal, logisch-linear oder chronologisch lernen, sondern rhizom-artig durch komplexe Vernetzung. Sonst wäre das Paradox aus PU 201 nicht zu lösen, wie diese Regeln auch normativ zu weiterer Regelmäßigkeit bzw. zu regelgeleitetem Verhalten in unendlich vielen Fällen (PU 185) führen könnten, die nicht in der endlichen Menge der gelernten Beispiele abgedeckt waren: *„Wenn ich der Regel folge, wähle ich nicht. Ich folge der Regel blind.*" (PU 219)

Die Regeln „legen die Sprachspielenden auf eine Weise, die Welt zu sehen, fest [...weil] die bewusste Vermittlung der Welt sprachlich gemäß diesen Regeln erfolgt. Deswegen kann die Welt nicht anders, als es diese Regeln erlauben, beschrieben werden. Gibt es in der Sprache beispielweise den Begriff des Gegenstandes, so schafft er gleichsam eine ontologische Kategorie des Gegenstandes, weil die Sprechenden mit diesem Begriff auf die Welt Bezug nehmen und in dieser deshalb

Gegenstände finden werden."[27] Diese Beschreibung geschieht vermutlich nicht willkürlich, sondern vorsprachlich und unreflektiert als Reaktion auf die Gegebenheit der Welt. Jedoch ist es nicht möglich, „sicheres Wissen darüber [...zu] erlangen [...und] das Bild, das die Sprache erzeugt, mit der Welt ‚wie sie ist' zu vergleichen."[28] In der Praxis müssen nicht nur die Regeln beherrscht werden, sondern ebenfalls Erfahrungen vorhanden sein, welche Regel in welchem Kontext zu verwenden ist. Erfahrung macht man entweder selbst oder erhält sie durch den richtigen Wink eines in der Sache bereits Erfahrenen. Diese Ungewissheit, in beliebigem Handeln wirklich einer Regel zu folgen, hat S. A. Kripke (*1940) veranlasst aus dem ersten Satz von PU 201 zu schließen, dass Wittgenstein ein Skeptiker sei und dass es keine Lösung des Paradoxes gäbe[29]. Dem ist entgegenzuhalten, dass 1. ‚Wittgensteins Paradox' im Konditional angegeben ist, (..."eine Regel *könnte* keine Handlungsweise bestimmen, da jede Handlungsweise mit der Regel in Übereinstimmung zu bringen *sei* "(PU 201) [kursiv FB]; 2. unter derselben Nummer noch sechs weitere Sätze folgen, in denen Wittgenstein seine Lösung aufzeigt und 3. diese Sätze nicht isoliert von anderen Teilen seiner Philosophie, wie der Gebrauchstheorie der Bedeutung, zu verstehen ist. Verwechselt man die Ebene, auf der Regeln richtig oder falsch angewendet werden, mit der Ebene, auf der philosophisch gefragt werden kann „wie weiß man das überhaupt?", begeht man - Wittgensteins Maßstab zufolge - einen Kategorienfehler. Zu seinem Paradox bringt Kripke viele Voraussetzungen mit: sein eigenes Verständnis von Kausalität, von Sprache, von Bedeutung, von Logik, Zeit und Erinnerung - obwohl Wittgenstein diese gerade zurückweist.
Offensichtlich gibt es bei Wittgenstein auch noch andere als semantische und introspektive Brücken, durch die etwas vermittelt werden kann:

> „Gibt es über die Echtheit des Gefühlsausdrucks ein ‚fachmännisches' Urteil? [...] Kann man Menschenkenntnis lernen? Ja; Mancher kann sie lernen. Aber nicht durch einen Lehrkurs, sondern durch ‚*Erfahrung*'. – Kann ein anderer dabei Lehrer sein? Gewiß. Er gibt ihm von Zeit zu Zeit den richtigen *Wink*. – So schaut hier das ‚Lernen' und das ‚Lehren' aus." (PU II, S. 574 f.)

Ansonsten folgen wir primitiven Sprachspielen mechanisch und ihr Erlernen gleicht einem Abrichten (PU 5, 157 f.). Abrichten deutet auf ein mechanistisch-

[27] Wachtendorf (2008) S. 97.
[28] ebd.
[29] Kripke (2006): S. 17 u. S. 74.

automatisches Anwenden der Sprache zumindest in Fällen, in denen ihre Bedeutung und Regelanwendung nicht reflektiert wird. Jedoch ändern sich im Laufe der Zeit die Regeln, wenn sich das Verhalten ändert – beide sind wechselseitig aufeinander bezogen bzw. miteinander verwoben; weder Regeln noch Sprachspiele waren zuerst da und unabhängig voneinander existent.

Tiefengrammatik

Die Gesamtheit des Regelwerks der Sprachspiele stellt bei Wittgenstein die Tiefengrammatik bzw. philosophische Grammatik dar, von der die linguistische Syntax, die Oberflächengrammatik, nur ein Teil ist (PU 664). *„Keine Beschreibung der Welt kann die Regeln der Grammatik rechtfertigen"* (*Vorlesungen 1930-1935* (Vo) 66), und *„keine Tatsache [der Welt] kann ein Paradigma der Grammatik sein"* (Vo 115). Wittgenstein weiß, dass Sinnesdaten alleine noch keine ausreichende Auskunft über die Welt geben. Dazu sind nebenher immer noch sprachliche Konventionen nötig, die die Sinnesdaten ordnen. (Tiefen)Grammatik-Regeln sind wie Türangeln, in denen sich die Regeln für Sprachspiele bewegen. Um diese Grundregeln zu beschreiben, müssten sie angewendet werden. Daher ist *„die Grammatik [...] keiner Wirklichkeit Rechenschaft schuldig. Die grammatischen Regeln bestimmen erst die Bedeutung (konstituieren sie) und sind darum keiner Bedeutung verantwortlich"* (*Philosophische Grammatik* (PG) 184). Tiefengrammatik ist zwar kontingent, könnte also anders sein und tatsächlich unterscheiden sich die Deutungsregeln der Welt in den Sprachspielen von Kultur zu Kultur und von Epoche zu Epoche, aber sie sind nicht willkürlich; denn sie erlauben den Umgang mit natürlichen Regelmäßigkeiten, die sich ihnen (nur) durch das Deutungs-Schema ihrer Grammatik erschließen und sich ausdrücken lassen (PU 497). Dass sie sich überhaupt ausdrücken, das haben Menschen trotz der Verschiedenheit ihrer Sprachen und philosophischen Grammatik gemeinsam und das ist ihre Praxis, ihre *„Lebensform"* (PU 241). In der Lebensform sind unendlich viele Handlungs-, Sprech- und Lebensweisen miteinander verflochten, eine Art von Verbindung, die Wittgenstein „Familienähnlichkeit" nennt, da es nicht ein einziges notwendiges und hinreichendes charakterisierendes Merkmal aller Anwendungen eines Begriffes gibt.

Familienähnlichkeit

Die Familienähnlichkeit von Begriffen (in der Sprachpraxis) veranschaulicht Wittgenstein anhand der Verwendung von „Spiel" in Worten wie Brettspiel, Kartenspiel, Ballspiel, Kampfspiele, usw. (PU 66) oder der Ähnlichkeiten zwischen den Gliedern einer Familie nach verschiedenen Kriterien, die sich, wie viele Fasern beim Spinnen, zu einem Faden zusammenfügen, indem sie ineinander übergreifen, ohne dass sich eine einzelne Faser durch den ganzen Faden hindurchzieht (PU 67). Statt einer festen Definition, die an Randphänomenen und Extrembeispielen, oft auch an kontrafaktischen Fällen zu Abgrenzungsschwierigkeit führt, sind Familienähnlichkeiten fließender ohne beliebig zu sein. Konzeptuell ist der Randbereich des Vagen und der Übergänge von einem Begriff zum anderen, in Familienähnlichkeiten bereits mitgedacht und nicht wie bei Definitionen, als ein Manko oder Störfaktor bewertet.

Sprache funktioniert als kognitives und kommunikatives Instrument nicht nur aufgrund (relativ) verlässlicher Regeln, sondern gerade auch aufgrund ihrer Vielschichtigkeit, Unschärfe, Vagheit und Wandelbarkeit, die nicht in Beliebigkeit ausarten, kurz: aufgrund der ‚Familienähnlichkeit'. Was ‚Präzision' und ‚Vagheit' bedeuten, ist immer vom Zusammenhang abhängig, in dem die Begriffe gebraucht werden (PU 100 f). So ist Präzision im Labor manchmal in einem Maße nötig, das im Alltag völlig deplatziert wäre.

> „Wir sind unfähig die Begriffe die wir gebrauchen, klar zu umschreiben; nicht weil wir ihre wirkliche Definition nicht wissen, sondern weil sie keine wirkliche Definition haben" (BlB S. 49).

Wittgenstein hat offensichtlich eine Sicht auf die Welt, die verschiedene Betrachtungsweisen, verschiedene Grade von Präzision als gleichberechtigt einschätzt, gerade wie wir ein Foto im Weitwinkel benutzen, um eine ganze Landschaft einzufangen und ein Mikroskop für ein Detail davon – ohne dass nur eine der Betrachtungsweisen „wahr" sei. Philosophie hat *eine* kulturell festgelegte Fokuseinstellung, das Leben mit seinen Sprachspielen eine andere, die Naturwissenschaften wiederum andere, Mystik eine weitere. Je präziser Phänomene einer Analyse [gr. analysis ‚Auflösung'] unterzogen werden, je mehr lösen sie sich buchstäblich (sei es begrifflich, sei es real) auf, verändern sich und verschwinden schließlich ganz. Wittgenstein erkennt das Potential der vielschichtigen Offenheit der Welt und die Zerbrechlichkeit des „natürlichen Zustandes": will man ihn zu fest in den Griff bekommen („begreifen") wird er zerstört. Deswegen darf...

> „die Philosophie [...] den tatsächlichen Gebrauch der Sprache in keiner Weise antasten, sie kann ihn am Ende also nur beschreiben. [...] Sie lässt alles, wie es ist" (PU 124).

Das vage Betrachten der Phänomene erkennt diese unter einem anderen Aspekt, indem es quasi an ihnen vorbeischaut und sie dadurch *als Ganzes* in all ihren Bezügen und Abhängigkeiten durchschaut (PU 90 f). Dieses beschauliche [bzw. kontemplative], „vacante" statt „intente" Beschauen (PU 412) belässt die Welt wie sie ist.

Die Philosophie gibt es natürlich nicht. Durch die vielen Epochen ihrer Praxis und Kulturen gibt es sie auch nur im Sinne einer Familienähnlichkeit und ist nicht losgelöst vom jeweiligen Sprachspiel des Philosophierens unter den jeweiligen Gegebenheiten und betroffenen Philosophen zu verstehen.

3.3 Ethik: Diskurs vs. Handeln

In Wittgensteins Spätphilosophie gibt es nur wenige direkte Äußerungen zu seinem Ethik-Verständnis, das daher aus seinem tiefgreifend gewandelten Sprachverständnis und seiner in der Sprache fundierten Weltsicht extrahiert werden muss. Der Grund für seine Skepsis gegenüber einem elaborierten Ethik-Diskurs lag in der Frühphilosophie darin begründet, dass der Ethik-Diskurs unsinnig ist, denn nur sprachlich erfassbare Folgen von Handlungen sind *in* der Welt, Ethik aber liegt außerhalb der Welt. In Wittgensteins Spätwerk ist von konkreten Situationen losgelöstes Sprechen das „Feiern der Sprache" und ihm deswegen unbehaglich. Moral und Ethik sind stattdessen Verhalten und Handlungen, die Teil von kontextuell bestimmten Sprachspielen sind, deren Regeln einem Netz von sprachlich-sozialen Kontrollmechanismen unterliegen, die sie als ethisch qualifizieren, aber außerhalb der Sprachspiele in der Praxis keinen Begründungszusammenhang haben.[30] Somit können zwei Ebenen unterschieden werden:

---

[30] Koch (1981) S. 370.

Einerseits sind ethisch/moralische Sprachspiele dabei nur *eine* Art unter vielen verschiedenen Sprachspielen und können genau wie die anderen nach ihren eigenen Anwendungsabsichten untersucht werden.[31] Ethische Werte sind weder objektive noch absoluten Sachverhalte - sie so anzusehen, wäre „ein Hirngespinst". Dadurch erhält der ethische Diskurs im Spätwerk Wittgensteins einen anderen Stellenwert als im *Tractatus*, in dem Ethik nur von innen zu begrenzen war: das Wahrheitskriterium als Maßstab für den Sinn ethischer Propositionen entfällt. Die Aufgabe der Ethik ist es nun, ihre „Sätze auf die Bedingung ihres Funktionierens hin zu untersuchen und kritisch zu reflektieren."[32] Metaphysische Fragen können nicht durch das Postulat wissenschaftlicher Beweise überwunden oder gelöst werden, da ihr Ursprung in der Sprache liegt, in der Verwendung und Bedeutung der Begriffe.

Andererseits haben ethische Aussagen außerhalb jedes Zusammenhangs keine Bedeutung, auch wenn sie etwas über ‚absolute Werte' auszudrücken *versuchen*. „Denn die philosophischen Probleme entstehen, wo die Sprache *feiert*" (PU 38). Im *Tractatus* können nur Handlungen und Verhalten Einfluss auf die anderen Subjekte haben, da Subjekte sich außerhalb der Welt befinden, in der Spätphilosophie können auch Sätze über Ethik/Moral wirklichkeitsverändernd sein, solange sie in eine Tätigkeit eingebunden sind, durch die viele situationsbedingte Aspekte mitsprechen, mitspielen und mitkommunizieren – eine Sprachpraxis, die mit einer Lebenspraxis verbunden ist und als „Sprachhandeln" bezeichnet werden kann[33].

Die *ethische* Bedeutung wird also durch Handlung gezeigt: *„Die Bedeutung des Wortes ‚gut' ist an die Handlung, die es qualifiziert, gefesselt"* (Vo 191). Damit deutet sich ein Wandel zu einer Situationsethik an, in der es gilt, Ethik zu leben und sie zu zeigen, wie z.B. ein Erfahrener, der seine Erfahrung durch einen Wink weitergibt. Wenn Ethik an Handlung gebunden ist, so muss Philosophie an die ‚Arbeit an sich selber'[34] gebunden sein, um sie im Vollzug zu inkarnieren und anderen zu *zeigen*. Deswegen wurde Wittgenstein nicht nur als Skeptiker oder Mystiker, als Philosoph der Alltagssprache oder der analytischen Philosophie verstanden, sondern auch als Therapeut, Lehrer oder Meister.

---

[31] z.B. im Sprachspiel ‚Ethik als Absolutes' oder ‚Ethik als Handlungsnormativ'.
[32] Wachtendorf (2008) S. 19.
[33] Wernecke (2007) S. 112 f.
[34] Laugier (2009) S. 93.

William James, den Wittgenstein liebte, traute und kritisierte[35], beschreibt bestimmte Erfahrungen jenseits (oder diesseits) sprachlicher Grenzen als von besonderer Qualität und Relevanz für das Leben und Handeln des Betroffenen und bezeichnet diese Erfahrung als „natürlich" und *„religiös"* [36]. Durch diesen Sprachgebrauch erhalten religiöse Institutionen eine Deutungshoheit von tiefen menschlichen Erfahrungen, die von sich aus weder als religiös noch als säkular, noch als beides zugleich, noch als ‚weder... noch...' benannt werden können, sie könnten ebenso gut mit „natürlich *ethisch*" bezeichnet werden, denn löst man mit Wittgenstein auf der einen Seite die Referenzsemantik auf, braucht auf der anderen Seite Erfahrung nicht mehr geleugnet oder auf Gehirnzustände reduziert zu werden. Der Versprachlichungsprozess dieser Erfahrungen findet bereits statt und entwickelt sich zu einer neuen Lebensform[37]; denn diese von W. James ‚religiös' genannten, nichtsprachlichen „Zustände" können auch ohne transzendente Referenzobjekte erfahren werden[38]. Betroffene werden oft bewogen, ein tief empfundenes ethisches Leben zu führen (wie von James beschrieben) - aber auf säkularer Grundlage, ohne ‚religiöse' Deutung (Versprachlichung) oder ‚rationale' Rechtfertigung. Die Zunahme von Sprachspielen, die solche nicht-sprachlichen Erfahrungen kontemplativer Praktiken involvieren, deutet auf die Entwicklung einer (im Westen neuen) meditativen, nicht-religiösen Lebensform.[39]

In diesem Zusammenhang soll ein **Exkurs** zum Bedeutungswandel des Unterschieds von ‚Ethik' und ‚Moral' zeigen, wie problematisch die Verortung der Bedeutung im Gebrauch ist. Man würde nach Wittgenstein nicht fragen, ‚was ist Ethik?' oder ‚was ist das Wesen von Ethik?', als gäbe es eine zeitlose, kultur- und gebrauchsunabhängige Antwort, sondern: „wie wird ‚Ethik' bzw. ‚Moral ' gebraucht?" In welche Sprachspiele, Tätigkeiten und Interessen ist der verbale Ausdruck eingebunden? Das impliziert, sich ggf. von der lexikalisch / akademischen Gegenüberstellung von Ethik-Diskurs vs. moralischem Handeln lösen zu müssen, um zu untersuchen, wie und nach welchen Kriterien Ethik und Moral in der Alltagssprache differenziert werden. Meistens werden die Worte nicht differenziert – auch nicht im interkulturellen Dialog, aber wenn doch, dann unter sehr verschiedenen Kriterien (im englischen oft genau

[35] Goodman (2002) S. 3.
[36] James (1979) S. 159 f.
[37] Schlieter (2000) S. 108.
[38] Schneider (2003) S. 321.
[39] Garfield (2012) S. 228 ff; vgl. auch Netzwerk-Ethik-Heute auf www.ethik-heute.org.

umgekehrt als im deutschsprachigen Raum). Eine Differenzierung sticht dabei hervor: die Gegenüberstellung von ethischem Handeln vs. moralischem Handeln nach Kriterien der Außen- oder Innenorientierung. Wie ist dieser unterschiedliche Gebrauch des Wortes auf akademischer und alltagssprachlicher Ebene zu erklären?

Etymologisch beziehen sich ursprünglich beide Begriffe auf ‚Sitte und Brauch', ‚Ethik' (gr. ethos) auch auf Eigenart und Charakter, ‚Moral' (lat. mos, moris) auch auf Gewohnheit. Wenn im Alltagsgebrauch Ethik und Moral nicht synonym gebraucht werden sondern unterschieden, dann danach, ob das Verhalten sich nach von außen vorgegebenen Regeln richtet (Moral) oder nach inneren Einsichten (Ethik). Diese Gegenüberstellung entwickelt sich einerseits aus der abnehmenden Autorität religiöser Institutionen, die früher die Autorität hatten, Verhalten moralisch zu bewerten, zu bestimmen und zu regeln, ist aber auch historisch bereits in den Ursprüngen angelegt: da Sitten, Kultur und Politik Griechenlands und Roms sich in wichtigen Punkten unterschieden, entspricht die emotionale Wertigkeit der Begriffe diesen ursprünglichen Unterschieden: (vereinfacht) fußte die Grundidee Griechenlands auf dem Gedanken von freien Bürgern und freien Stadtstaaten, während Rom auf Expansionskurs war und ein Weltimperium aufbauen wollte. Dementsprechend stand *ethisches* Handeln in Griechenland im Einklang mit Eigenart und Charakter des Individuums, denn so war es in Griechenland Sitte, während sich *moralisches* Handeln in Rom im Einklang mit vorgegebenen Richtlinien, Normen und Gewohnheiten befindet – wie es im Römischen Reich Sitte war. Der Wahlspruch der Griechen war: „Erkenne Dich selbst!", ein Wahlspruch der Römer hingegen: „Alle Wege führen nach Rom".

Nach vielen Jahrhunderten vorgegebener Moralvorstellungen durch Kirche und Staat im Sacrum Imperium Romanum, emanzipiert sich der Mensch seit der Aufklärung, der Reformation und noch mehr nach dem Ende des Heiligen Römischen Reiches (1806) von kirchlichen und staatlichen Moralvorstellungen und Verhaltensrichtlinien bis hin zu Nietzsches Dictum „Gott ist tot" und lehnt sich wieder an die griechische Tradition und ihre Wertvorstellung vom sich selbst entfaltenden Individuum an, das sich nach eigenen Maßstäben *ethisch* verhält.

Heute wird in der natürlichen Sprache *Moral* mit Orientierung an äußeren Vorgaben und Konventionen in Zusammenhang gebracht und die Kant'sche Frage: „wie *soll* man/ich handeln?" dahingehend beantwortet, sich einer Norm entsprechend zu verhalten (normal=norm-entsprechend), also einer Vor-Stellung gemäß, die *vor* die

Wirklichkeit *gestellt* ist. *Ethisches* Verhalten hingegen orientiert sich an der persönlichen Eigenart aufgrund von Selbsterkenntnis und Individuation, aufgrund der ungeteilten Wirklichkeit (Individuare=unteilbar), in der Wahrnehmen, Fühlen, Denken und Handeln zusammenspielen. Außengeleitetes ‚moralisches Handeln' wird heute etwas abwertend gegenüber innengeleitetem, ‚ethischem Handeln' verwendet. Um diesen Eindruck zu vermeiden, wird im Diskurs über moralische Werte, in dem Verhaltensregeln für andere festgelegt werden, das Wort ‚Moral' vermieden und stattdessen von Ethik (z.B. ‚Ethikkommissionen', ‚Ethikrichtlinien') gesprochen – was unter dem genannten Differenzierungsmerkmal eine *contradictio in adiecto* wäre. Die Grenze zwischen Ethik und Moral verläuft auf der Ebene des bloßen Diskurses nicht dort, wo sie im Gebrauch des Lebens verläuft. Laut philosophischem Wörterbuch ist Ethik die Theorie der Moral, die Reflexion über das moralisch rechte Handeln[40]. In der Alltagssprache wäre nach heutigem Gebrauch ‚Moralkommission' der angemessene Begriff unter dem Gesichtspunkt, dass dort Normen für Verhalten und Handlungen anderer bewertet, analysiert und festgelegt werden. Im allgemeinen Sprachgebrauch, wo jeder selber gefordert ist, ethische Werte in Übereinstimmung mit inneren Wahrheiten zu erkennen, Konflikte auszutragen und zu versuchen, sich unter Berücksichtigung aller inneren und äußeren Umstände authentisch auszudrücken, wird von ‚ethischen' Handlungen gesprochen, wenn sie den genannten Kriterien entsprechen, während ‚moralisches' Handeln sich nach erstellten Richtlinien richtet, die meist als universell und allgemeingültig statt als kontingent angesehen werden. Die unterschiedlichen Gebrauchsweisen werden an diesem Beispiel nur deshalb so ausführlich vorgestellt, um zu zeigen, dass mit der Singular-Formel ‚*die Bedeutung des Wortes ist der Gebrauch in der Sprache*', die Probleme in einen Bereich verschoben werden, in dem noch mehr Unklarheit herrscht, welcher Gebrauch gemeint ist und wie abweichende Gebrauchsformen beurteilt werden können. Außerdem wird die Differenzierung von Ethik und Moral zum Verständnis Nāgārjunas „Stufen ethischen Verhaltens" (s.u.) relevant, in denen ‚Moral' und ‚Ethik' noch anders differenziert werden können. Leider hat Wittgenstein keine Entscheidungskriterien geliefert, anhand derer in Fällen, in denen Begriffe von verschiedenen Gruppen verschieden

[40] Gert, Bernard, "The Definition of Morality", *The Stanford Encyclopedia of Philosophy* (Fall 2015 Edit.),
E. N. Zalta (ed.), forthcoming URL = http://plato.stanford.edu/archives/fall2015/entries/morality-definition/>.

gebraucht werden, auf die (rechte) Bedeutung geschlossen werden könnte. Solange man aber von singulären Bedeutungen, Tatsachen oder Wahrheiten der Worte ausgeht, gibt es einen Machtkampf um die Deutungshoheit, in der Interessenkonflikte nicht offengelegt werden müssen. Die Problematik der Deutungshoheit der Sprache besteht nicht nur bei terminologischen Unterscheidungen von Moral und Ethik, sondern auch in der Entscheidungskompetenz, jemanden - für fast alle bindend - als „Freund" oder als „Feind" zu bezeichnen, wann „Demokratie", wann „Kapitalismus" exportiert wird, ob es sich um einen „Befreiungskrieg" oder „Angriffskrieg" handelt; im ‚Informationszeitalter' geht es um Bilder, Medienschlachten und um „Desinformation"[41]. Die Liste der Manipulation durch Sprachhoheit ist fast endlos. Geistige Praktiken, die Zugang zu einem begriffsfreien Raum ermöglichen - den auch Wittgenstein zur „Beruhigung"[42] kennt und anerkennt - bieten davor etwas Schutz. Das Bewusstsein davon trägt vermutlich dazu bei, dass ‚ethisch' zumindest assoziativ und „wortatmosphärisch" höher qualifiziert wird, als ‚moralisch'.

Nach Wittgenstein wacht über den moralischen Diskurs der Sprache die Sprechergemeinschaft und kontrolliert ihn idealtypischer Weise durch soziales Feedback. Diese Vorgänge sind jedoch höchst komplex und von vielen Faktoren, Ursachen und Bedingungen abhängig. Hier klaffen Wirklichkeit und Theorisierbarkeit (noch) weit auseinander.

Im Folgenden wird ‚ethisch/moralisch' - soweit möglich - nicht anhand der Demarkationslinie Diskurs vs. Handlung differenziert, sondern anhand der Differenzierung regelkonforme Außenorientierung vs. selbstbewusster Innenorientierung. Daraus ergeben sich vier Kombinationsmöglichkeiten: man kann ethisch gegenüber sich selbst verantwortlich das Richtige tun und dabei im Einklang mit Moralnormen leben oder dabei gegen sie verstoßen, oder man kann sich an Moralvorstellungen orientieren und handelt dann entweder ethisch im Einklang mit sich oder gegen die eigene Natur/Realität und schließlich kann man auch unethisch *und* unmoralisch handeln. Über all dies kann je nach Motivation und Zielrichtung ein ethischer oder moralischer Diskurs geführt werden.

---

[41] Lippmann (1949) S. 338 ff. [Beispiele FB]

[42] MS 107, S. 2 nach Stern S. 200.

3.4 Grenzen der Sprache und Erkenntnis des Unsagbaren

Nach Wittgenstein kann sicheres Wissen nie durch die Sprache allein erlangt werden, da man nicht einerseits aus der Sprache heraustreten und andererseits diese Wirklichkeit sprachlich vermitteln kann.

Eine Konsequenz daraus ist, dass nicht mehr alles erklärbar ist; denn: „Gesprochenes kann man nur durch Sprache erklären, darum kann man *die Sprache* (in diesem Sinne) nicht erklären." (*The Big Typescript* (BT) Nr. 1.2,16) Die Sprache ist das Hinzunehmende, das selbst nicht erklärt werden kann, „Sprache wird zu einem eigenständigen System, das als Ganzes an die Welt herantritt [...], der Gedanke einer durch die (Tatsachen der) Welt bestimmten Bedeutung unserer Sprache [wird] aufgegeben."[43]

Die Unmöglichkeit außerhalb der sprachlichen Grenzen über die Welt zu sprechen, heißt nicht, dass Sprache primär oder die ontologische Grundlage der Welt sei, auf keinen *feedback* aus der Welt angewiesen sei, um „zu funktionieren" oder die Welt gar allein bestimme. Es gibt eine Verbindung zwischen Sprache und Welt, aber diese ist weder objektiv und fixiert noch wie eine Einbahnstraße in einerlei Richtung, sondern der Situation und den Absichten der ersten Sprachspielenden verpflichtet. Die Sprache ist zugleich „autonom" (PG 97) gegenüber der Welt und doch mit der Welt verflochten; die Sprache ordnet die Welt in einer Weise, die nicht sicher zwischen natürlicher und semantischer Ordnung unterscheiden lässt – darin liegt die Grenze der Sprache. Sprache ist aber nicht auf die Welt beschränkt, da Sprache weit über Tatsachenbeschreibung hinausgeht – darin liegt ihr Potential über ihre eigenen Grenzen hinaus zu zeigen.

Sprachspiele können auch nicht weiter begründet und erklärt werden, denn die „Gefahr ist [...] eine Rechtfertigung unseres Vorgehens zu geben, wo [...] wir einfach sagen sollten: *so machen wir's*" (BGM 199, 74).

Stattdessen müssen wir... *„mit unserer gewöhnlichen Sprache auskommen und sie nur richtig verstehen"* (22.10.1929, MS 107, 178).

Um die Grenzen der Sprache zu verstehen, ist das Verständnis ihrer Grammatik und Semantik wichtig. Beide entwickeln sich als methodologische Normierungsverfahren lebendiger und gesprochener Sprachen – nicht umgekehrt.

---

[43] Wachtendorf (2008) S. 87.

„Die fundamentale Tatsache ist hier: daß wir Regeln, eine Technik, für ein Spiel festlegen, und daß es dann, wenn wir den Regeln folgen, nicht so geht, wie wir angenommen hatten. Daß wir uns also gleichsam in unseren eigenen Regeln verfangen" (PU 125).

Um das zu vermeiden, dürfen wir – so verstehe ich Wittgenstein - nicht zu sehr analysieren und nicht zuviel zusammenfügen, sondern müssen die Waage halten, zwischen diskretem Abstand zu jeder einzelnen Situation zwecks Abstraktion (Versprachlichung) und dem Vertrauen, sich ihr im konkreten einzelnen (Moment) hinzugeben (Entsprachlichung). Aus der Quelle des Nicht-Versprachlichbaren ist dann ethisches Handeln möglich: will ein Philosoph aus der Gefangenschaft der Sprache (PU 115) und dem Wirbel von Gedanken (MS 107, S. 1) ausbrechen, um...

„die reine Realität selbst [zu] erfassen und ans Tageslicht [zu] ziehen, so lautet die Antwort, dass er dabei die Sprache hinter sich lassen müsste und daher unverrichteter Dinge wieder heraufkommt."[44]

„Man kann nun sagen [...] und kann es auch wieder *nicht* sagen."

In Sprachspielen werden neben semantischen Informationen auch im Schweigen und in Gesten ohne Worte Dinge über sich und die Welt mitgeteilt, die sich nicht in Worte fassen lassen, sondern sie zeigen, indem sie nicht als „so oder so" reifiziert und kategorisiert werden, sondern in der Schwebe gelassen werden: „man kann nun sagen, die Worte [...] beschreiben den [...] Zustand meiner Seele, und kann es auch wieder *nicht* sagen." (PU 662) Sprache braucht das Nicht-Gesagte um nicht nichtssagend zu sein, wie Musik Stille und Pausen braucht, um Musik zu sein und kein Lärm. Sprache ist wie Musik (PU 527) - sie sagt dort mehr, wo sie weniger sagt, wo sie ‚dichtet' und ‚etwas' in der Schwebe lassen kann, wobei ‚etwas' hier nur eine syntaktische Notwendigkeit ist - kein ‚Etwas'. Qualitäten können in Sprachspielen, nicht aber losgelöst davon rein semantisch innerhalb der Struktur „es ist oder es ist nicht", vermittelt werden.

Im *Tractatus* sind die nicht-sagbaren Zustände des Mystischen bedeutsam und am wichtigsten ist das Nicht-Gesagte, das zu zeigende. Im Spätwerk aber ist die Konsequenz, statt zu schweigen, weil es kein Referenzobjekt gibt, sie „mühelos durchklingen" zu lassen. Das Sprachlose kommuniziert in entsprechendem Umfeld mit oder ohne Worte, wenn der Gegenüber in empathischer Resonanz klingt oder auf eigene

---

[44] Wiener Ausgabe (WA), Band 2, 3, Nr. 8 [zit. nach Stern (1995), Anhang.

Erfahrungen/Gedanken zurückgreifen kann – ansonsten ist immer noch Schweigen die Antwort des Weisen. Das kann mit folgendem Zitat erhellt werden, das zwar aus dem Vorwort des *Tractatus* stammt, jedoch von Wittgenstein nie widerrufen wurde und in diesem Punkt auch für sein Spätwerk gilt: *„Dieses Buch wird vielleicht nur der verstehen, der die Gedanken, die darin ausgedrückt sind - oder doch ähnliche Gedanken - schon selbst einmal gedacht hat.*" (T Vorwort 1. Satz).
Auch (Schmerz)-Empfindungen haben einen „Doppelstatus":"'*immer wieder* [gelangst du] *zum Ergebnis, die Empfindung selbst sei in Nichts.*' - *Nicht doch. Sie ist kein Etwas, aber auch nicht ein Nichts!*" *(PU 304) „und doch könnte kein Unterschied größer sein!*" (eda.). Ohne das Nicht-Sagbare in Worten oder Taten mitzuteilen, bleibt ihre Erfahrung eine subjektive Illusion und von außen ist keine Unterscheidung zwischen Simulant und authentisch Erfahrenem möglich - doch könnte kein Unterschied größer sein! Wer selber schon einmal ähnliche Erfahrungen gemacht hat, der wird den anderen verstehen - auch ohne Worte.

3.5 Leben in Erkenntnis: das glückliche Leben

Wittgenstein unterscheidet zwischen *relativen* und *absoluten Werturteilen*, die Kants hypothetischen und kategorischen Imperativen entsprechen. Relative Werturteile beziehen sich auf Ziele und Kriterien, die angegeben werden können, sodass Urteile *in der jeweiligen Hinsicht* geeignet sind und Qualitäten wie ‚*gut*' rechtfertigen. Ein Werturteil ohne Bezug auf ein Ziel und abgelöst von einem Kriterium ist ein absolutes Urteil, weil kein Maßstab mehr von außen angelegt werden kann. Dieser Maßstab, das letzte Ziel des Lebens z.B., od. das ultimative Unterscheidungskriterium für gut und böse, soll mit Hilfe der Ethik jedoch gerade erst gefunden werden. Diese Frage erübrigt sich in einer sprachrelativistischen Ethik.
Statt diese Fragen ins Zentrum zu rücken, ist Wittgensteins Kernfrage vielmehr: *„Wie kann der Mensch überhaupt glücklich sein, da er doch die Not dieser Welt nicht abwehren kann*" (Tb 13.8.1916). Wie Nāgārjuna erkennt Wittgenstein die Wechselhaftigkeit der empirischen Dinge, die einen Tag zum Glück, ein andermal und für jemand anderen zum Leid beitragen, also keine Quelle dauerhaften Glücks sein können. Glück muss im Subjekt, im Leben selber gesucht werden: *„Oder man könnte*

auch so sagen, der erfüllt den Zweck des Daseins, der keinen Zweck außer dem Leben mehr braucht. Das heißt nämlich, der befriedigt ist".[45]

Das Subjekt kann aus sich heraus glücklich sein, wenn es die Dinge richtig misst, d.h. die richtige Haltung zur Welt einnimmt und sich mit ihr in Einklang befindet: „Um glücklich zu leben, muss ich in Übereinstimmung sein mit der Welt. Und dies *heißt* ja ‚glücklich sein'" (Tb 8.7.1916). Das verlangt, die Geschehnisse der Welt aus dem richtigen Blickwinkel zu erkennen, dem Blickwinkel des Ganzen, in dem die einzelnen Dinge relative Bedeutungslosigkeit annehmen: *„Als Ding unter Dingen ist jedes Ding gleich unbedeutend, als Welt jedes gleich bedeutend"* (Tb 8.10.1916) und *„das gute Leben ist die Welt sub specie aeternitatis gesehen"* (Tb 7.10.1916). Diese Tagebuchaufzeichnungen sind zwar aus dem Frühwerk Wittgensteins, aber unter der Annahme nichtsprachlicher (mystischer?) Erfahrungen behalten sie auch in einer sprachrelativen Lebenswelt außerhalb der Sprachspiele ihre Gültigkeit.

Nach Wittgenstein konstituiert meine Sicht auf die Welt meine Wirklichkeit. Ziel des Lebens muss es sein, sich selbst zu einer richtigen Sicht der Welt zu bringen, denn die Welt des Glücklichen ist eine glückliche Wirklichkeit: *„Er muß diese Sätze überwinden, dann sieht er die Welt richtig"* (T 6.54). Er muss das Unsagbare erkennen, worauf die Sprache *zeigen* kann, ohne es doch nennen zu können. Ein glückliches Leben erkennt das Mystische der Welt - das Mysterium des Lebens.

„Das *Leben der Erkenntnis ist das Leben, welches glücklich ist, der Not der Welt zum Trotz"* (Tb 13.8.1916) und es gewährt ein gutes Gewissen: *„Das gute Gewissen ist das Glück, welches das Leben der Erkenntnis gewährt."* (Tb 13.8.1916)

Unter der Erkenntnis werden Dinge anders als vom weltlichen Gesichtspunkt aus beurteilt: die Dinge der äußeren Welt können nicht Quellen des Glücks sein, da sie verloren gehen können und für jeden potentiell einen anderen Wert haben - [Nāgārjuna würde ergänzen: daher können sie ihre Eigenschaft nicht in sich selbst tragen.]

> *„Nur das Leben ist glücklich, welches auf die Annehmlichkeiten der Welt verzichten kann. Ihm sind die Annehmlichkeiten der Welt nur so viele Gnaden des Schicksals"* (Tb 13.8.1916).

Wer immer der Vergangenheit nachtrauert oder auf bessere Zeiten in der Zukunft hofft, wer der Welt erlaubt, Macht über das eigene Leben auszuüben, der kann

[45] Tb. 6.7.1916.

wahrlich nicht in der Gegenwart, der kann nicht ethisch und kann nicht glücklich leben; denn das Glück liegt in der Gegenwart, in der sich zugleich die Ewigkeit manifestiert: *„Wenn man unter Ewigkeit nicht unendliche Zeitdauer, sondern Unzeitlichkeit versteht, dann lebt der ewig, der in der Gegenwart lebt"* (T 6.4311); denn *„für das Leben in der Gegenwart gibt es keinen Tod"* (Tb 8.7.1916). Eigentlich stirbt man nur, wenn man genau das nicht erkennt: „Man ist dann lebendig gestorben. Oder vielmehr: das ist der *eigentliche Tod*, den man fürchten kann, denn das bloße ‚Ende des Lebens' erlebt man ja nicht" (*Denkbewegungen* (De) 89).
Wenn jeder Moment Ewigkeit *in* der Zeit ist, ist jedes Ethische *in* der Handlung selbst: ethische Handlungen geschehen um der Handlung selber willen, ohne Worte - in Einklang mit der Wirklichkeit – und das ist Glück.

3.6 Zusammenfassung und Kommentar zur *Philosophie Wittgensteins*

Wittgenstein revidiert seine frühe Auffassung von Sprache und Wirklichkeit später selber in einigen Punkten: elementare, isoliert und aus sich heraus existierende, absolute Wahrheiten kann es nicht geben; nirgendwo hat das Netz von Bedeutungen einen festen Anfangspunkt, Kern oder verlässlichen Bezug zu einer fundamentalen objektiven Wirklichkeit, die unabhängig vom sozialen Gebrauch der Sprecher und Beobachter wäre. Archimedes physikalisch gemeinter Ausspruch, ‚Gebt mir einen festen Punkt, und ich hebe das Universum aus den Angeln', kann als eine Metapher für den nicht festen, sondern offenen Grund einer sprachrelativen Welt angesehen werden. Wittgenstein erkennt, dass Wirklichkeit und Sprache in Beziehung stehen, dass keine von beiden ohne die andere objektiv gegeben ist, dass die Verbindungspunkte nicht fest stehen und die Sprache die Grenze unserer Welt definiert. Daher erscheint seine Analyse von Ethik als absoluten Maßstab außerhalb der Welt, die Wittgenstein nie expressis verbis revidiert hat, zunächst inkompatibel mit seiner späten Sprachphilosophie. Versteht man die sprachliche und ethische Bedingtheit der Welt aber als verschiedene ‚Sichtweisen' auf das Wirkliche und als dessen konstitutives Merkmal, sich in ständigem Fluss des abhängigen Entstehens aufgrund der Sichtweisen zu wandeln, werden sie wieder vereinbar. Somit ist die Lebenswelt als vollständig abhängig von unserer Sprache zu verstehen [nicht: als deterministisch verursacht]. Dass Wittgenstein die Vielfalt der Sprachsituationen würdigt und die

Vielfalt der Sprache, die alle Aspekte des Lebens durchweht, in seine späte Sprachphilosophie einbezieht, ist ein großes Verdienst. Die Begriffsschöpfungen seiner Analyse wie ‚Lebenswelt', ‚Sprachspiele' und ‚Familienähnlichkeit' sind nicht nur fester Bestandteil philosophischen Vokabulars geworden, sondern haben Eingang in die Alltagssprache und damit in das Weltgefüge gefunden. Bedeutungen sind beim späten Wittgenstein miteinander verwoben und aufeinander bezogen, sie sind vom Leben und dem Rest der Wirklichkeit nicht mehr (absolut) getrennt. Trennlinien und Einteilung in Kategorien sind zwar sprachlich erzeugte Welteinteilungen, die verschiedene Wirklichkeiten erschaffen, aber Ihre Bedeutung – und damit ihre Berechtigung - haben sie erst durch ihren Gebrauch. Bedeutung existiert nicht von ihrer Seite aus und unabhängig von Sprachspielen ‚draußen' irgendwo in der Welt oder hinter der Sprache. ‚Die Sprache ist nicht hintergehbar' gilt nicht nur für unzählige Sprachbereiche der Kunst und des ‚Innenlebens', sondern auch für die apophantische Rede. Wittgensteins Analyse ist punktgenau und muss nicht ergänzt werden. Egal welcher Begriff nicht nur alltagssprachlich verwendet, sondern gründlich analysiert wird, ist an den Grenzen unscharf (Weite, Extension) und löst sich in der Tiefe - wenn man genau schaut - ganz auf (Intension).

Wittgenstein Begriff der ‚Familienähnlichkeit' impliziert die Unmöglichkeit, Essenz oder Bedeutung eines Begriffes eindeutig festzulegen und zeitlos zu fixieren, und widerlegt zugleich die radikal skeptische Gegenposition, dass sich alles in nichts auflöse, bloß weil es nicht fest und eindeutig sei. ‚Familienähnlichkeit' lässt ‚Bedeutungen' offen in der Schwebe zwischen den beiden Polen ‚fest, essentiell und eindeutig sein' und ‚vage, relativ und gar nicht sein' – sie löst Sprache nicht ganz auf. Wie zu zeigen sein wird, ähnelt auch darin Wittgensteins späte Philosophie dem ‚Mittleren Weg' des Nāgārjuna.

Beim späten Wittgenstein kann man weiterhin davon ausgehen, dass er eine nicht-sprachliche Wirklichkeit für erfahrbar und nicht-sprachlich zugänglich hält – das ist das Mystische. Zwar gibt es moralische Sprachspiele, die Rede vom Absoluten und daraus abgeleitete Sätze der Form „Du sollst..." – sie alle verweisen aber nur auf sich als Sprachspiel und nicht auf eine tatsächliche Realität – es sei denn, die durch sie selbst geschaffene sprachliche Realität. Sprachspiele über Ethik und Moral sind sinnvoll, da sie Wirkungen zeigen und Konsequenzen für unsere Lebenswelt und

Lebensform haben, nicht weil sie eine unabhängige ethische Dimension, die zudem noch universell und ewig gültig wäre, beschreiben.
Wittgensteins früherer Glaube an eine „objektive" sprachunabhängige Welt, die dem *Tractatus* zu Grunde liegt, scheint auch in den PU gelegentlich dezent durch: er möchte die Alltagssprache in einem idealisierten „natürlichen Zustand" belassen - den aber gibt es nicht, da auch Sprache sich ständig verändert – und zwar auch durch den ‚neutralen' Blick eines Philosophen. Als Konsequenz für das philosophische Sprachspiel könnte genauso gut das verantwortliche Mitgestalten der Welt und der eigenen Persönlichkeit stehen. Letzteres wurde schon zur Zeit der griechischen Anfänge der Philosophie praktiziert[46], ersteres wurde 1845 von Karl Marx (1818-1883) einmal so formuliert: „Die Philosophen haben die Welt nur verschieden interpretiert; es kömmt drauf an, sie zu verändern."[47]
An anderer Stelle schreibt Wittgenstein:

> „Dass alles fließt, muss im Wesen der Berührung der Sprache mit der Wirklichkeit liegen. Oder besser: Dass Alles fließt, muss im Wesen der Sprache liegen" (*Typescript* (TS) 212).

Dieses Zitat zeigt, wie Wittgensteins Denkbewegung einerseits hin zu einem sich Berühren zwischen Sprache und Wirklichkeit geht, die daraus möglicherweise allererst entstehen, und andererseits davor zurückschreckt und zur Sprache des Primären, Wesenhaften und Entweder oder Schemas zurückkehrt. Wittgenstein scheint selber an der Schwelle zweier Welten zu stehen und alle Türen offen zu halten.
Wenig Beachtung und Folgen hat Wittgensteins Kritik am „Feiern der Sprache" erhalten. Statt auf sprachlicher Ebene nicht endende Reflexionen und begriffliche Komplikationen sich schrankenlos entfalten zu lassen, enthält seine Kritik einen deutlichen Appell, das Denken zur Ruhe kommen zu lassen.
Alles über Sprachspiele hinausgehende „Feiern der Sprache" (PU 38) ist unsinnig, weil Sprachdenkweisen, die von der Wirklichkeit abgekoppelt und vom Leben abgelöst sind, Tendenz haben, sich zu verselbständigen, indem sie eine eigene Welt schaffen, von der die Betroffenen glauben, sie sei wirklich. Es ist nun mal die Eigenschaft der Sprache, scheinbar Dauer zu schaffen, wo ständiger Wandel herrscht, die

[46] Hadot (1991) S. 105 f.
[47] Marx (1845) 11. These über Feuerbach, MEW 3, S. 534.

Welt in abgegrenzte Kategorien einzuteilen, wo nur Einzelnes besteht und Dinge sprachlich zu trennen, die miteinander verwoben sind und eine Einheit bilden.
Das jeweils erstere ist der Segensaspekt der Sprache, durch den der Mensch sich – grosso modo – von Tieren unterscheidet. Die Wirklichkeit nicht mehr zu erkennen, wie sie ist – es sei denn durch den Schleier von Worten und Begriffen - darin liegt Verführung und das Problem der Sprache.
Wittgenstein legt den allgemeinen Glauben an die Sprache bloß: wie die Sprache – so das Leben, wie die Grammatik – so die Struktur der Welt, wie die Worte – so die Wirklichkeit. Vermutlich hat sich Sprache in der Evolution ursprünglich ganz pragmatisch als Vorteil im Überlebenswettbewerb durch funktionsfähigeres Interagieren und Kommunizieren entwickelt, nicht zwecks theoretisch absolut korrekter Beschreibung der Wirklichkeit.

> „Das unmittelbare [sic!] ist in ständigem Fluß begriffen. (Es hat tatsächlich die Form eines Stroms.) Es ist ganz klar, daß wenn man hier das Letzte sagen will man eben auf die Grenze der Sprache kommen muß, die es ausdrückt".[48]

Aus biologischer Sicht ist Denken ein vegetativer Vorgang, der zwar wie Atmen bewusst gesteuert, aber - ebenfalls wie Atmen - nicht oder nur sehr schwer angehalten werden kann und daher meistens automatisch abläuft. Es liegt an jedem selber, das diskursive (sprachliche) Denken zur Ruhe kommen zu lassen und zu lernen, inmitten des Redens zu schweigen. Scheinbar strebte auch Wittgenstein nach dieser gedanklichen Beruhigung und kannte die tiefe Erkenntnis und Inspiration, die darin zu finden ist, denn er wusste, dass tiefe Erkenntnis und Handeln im Einklang mit der Wirklichkeit zu einem glücklichen Leben führt.

---

[48] MS 107, S. 158-159.

4. Buddhismus und indische Sprachphilosophie zur Zeit Nāgārjunas

Nāgārjunas Philosophie entwickelt die Lehren des Buddhas neu und begründet sie philosophisch-argumentativ. Dabei widerlegt er sowohl Positionen einiger buddhistischer Richtungen, als auch solche einiger hinduistischer Philosophie-Richtungen. Der philosophische Hintergrund beider Traditionen wird deshalb - soweit es für das Verständnis Nāgārjunas notwendig ist - kurz dargestellt:

Buddhismus

Die Lehre des Buddha (*buddhaśāsana*), die auf Siddharta Gautama (5.-4. Jh. v. Chr.)[49] zurückgeführt wird, auf den sich alle ‚Buddhisten' - ein Begriff aus der englischen Kolonialzeit des 19. Jahrhunderts - berufen, wurde erst in König Vaṭṭagāmaṇī Abhaya's Regierungszeit (89-77 v. Chr.) im Pāḷi-Kanon schriftlich festgehalten. Sie ist mit dem soteriologischen Ziel der Leidüberwindung formuliert und entwickelt einen Weg zum leidfreien Zustand des *nirvāṇa*. Zentral dafür sind die ‚vier Edlen Wahrheiten' (*catvāri āryasatyāni*), das ‚abhängige Entstehen' (*pratītyasamutpāda*)[50] und der ‚Edle Achtfache Pfad' (*āryāṣṭāṅgamārga*). Organisiert sind die Schriften im *Tripiṭaka* nach drei Themenbereichen: dem *Vinaya* (Ordensregeln), *Sūtra* (Lehrreden) und *Abhidharma* (philosophische Lehrreden). Einige Punkte, wie die Karma- und Wiedergeburtslehre *(saṃsāra)*, sind Allgemeingut der Kultur Indiens und nicht spezifisch buddhistisch[51]; sie werden in philosophischen Erörterungen jedoch oft als Beispiel herangezogen[52].
Die gemeinsamen philosophischen Kernpositionen verschiedener buddhistischer Richtungen und Schulen kommen in den vier Siegeln zum Ausdruck[53]:

1. Alles Bedingte ist unbeständig.
2. Alles Bedingte ist leidvoll.
3. Alles ist ohne eigenständiges Selbst.
4. *Nirvāṇa* ist Frieden.

---

[49] Die Lebensdaten des historischen Siddharta Gautama variieren je nach Berechnungstradition:
Bechert (1997) u. Brück (2007) S. 66 f.
[50] nach Samdhong (2015) sind synonym: ‚interrelatedness', ‚interdependent', ‚dependant arising'.
[51] Bartley (2011) S. 3.
[52] Halbfass (2000) S. 129 ff.
[53] http://www.buddhismus-deutschland.de/buddhistisches-bekenntnis/ .

Verschiedene buddhistische Schulen haben im Laufe der Jahrtausende verschiedene Schwerpunkte und Interpretationen entwickelt, die nur ‚Familienähnlichkeit' besitzen. Das erste Siegel kann folgendermaßen verstanden werden: alles, „was als ‚Wirklichkeit' erscheint, ist zusammengesetzt (*saṃskṛta*). [...] Alles Zusammengesetzte löst sich wieder auf, ist also vergänglich (*anitiya*)."[54] Versucht man dem Vergänglichen Dauer zu verleihen, führt das unausweichlich zu Leid (*duḥkha*) bzw. Frustration, denn es widerspricht dem Weltgesetz (*dharma*) bzw. der phänomenalen Wirklichkeit, dauerhaft und unverändert zu sein. Dementsprechend sind alle Dinge nicht nur zusammengesetzt und daher nicht eigenständig, sondern auch leer von einem Selbst (*ātman),* insbesondere leer von einem dauerhaften, unabhängigen, unteilbaren Eigenwesen (*svabhāva*). Dabei spielt Sprache eine entscheidende Rolle, denn Sprache ist vielleicht der wichtigste Faktor, der den Phänomenen das zu verleihen scheint, was diese von sich aus nicht besitzen und logisch nicht besitzen können: *svabhāva*. Sprache erschafft eine virtuelle, bloß begriffliche, fiktive Welt, denn Sprache verschleiert und umhüllt die Wirklichkeit vollständig *(saṁvṛtī)*. Menschen halten nun fälschlicher Weise den Schleier für die (endgültigen) Wirklichkeit (*paramārtha*), greifen danach und verursachen dadurch unnötiges Leiden.
Nirvāṇa bedeutet ursprünglich auswehen (Skr. *nis, nir* = aus, *vā* = wehen), erlöschen und beenden – nämlich das Beenden jeglichen Verlangens und Greifens nach einem Selbst und damit nach den Ursachen des Leids.

Einige Fragen, die im begrifflichen Rahmen des Tetralemmas (sein, nicht-sein, sowohl sein als auch nicht-sein, weder sein noch nicht-sein) nicht begreifbar und dem Ziel nicht förderlich sind, Leidfreiheit zu erreichen, beantwortet der Buddha nicht (*avyākṛtavastu*): Ist die Welt beständig? Ist die Welt begrenzt? Existiert der Buddha nach dem Tode? Sind das Leben und der Körper (die Persönlichkeit) identisch? und jeweils: oder nicht? oder beides? oder keines von beiden?[55] Das zeigt bereits die Grenzen des Sprachlichen an, eine zentrale Aussage, die Nāgārjuna weiter verfolgt und begründet.
Im Laufe der Jahrhunderte weiten einige philosophische Schulen (z. B. Sthavira und Sarvāstivāda) den *Abhidharma* systematisch und dogmatisch aus. Gegen dabei

[54] v. Brück (2007) S. 119.
[55] Weber-Brosamer (1997) S. 112 f.

entwickelte logische, methodologische und linguistische Positionen und Spekulationen richtet sich Nāgārjuna konsequent.

Die Frage, ob Buddhismus einer der westlichen Kategorien Religion oder Philosophie zuzuordnen ist oder ob Dharma eine eigene Kategorie darstellt, wird in anderen Werken ausführlich erörtert[56]. Mit dem Begriff der Familienähnlichkeit kann jede der drei Zuordnungen ausreichend begründet werden. Hier geht es nicht darum, ein höchst komplexes, vielschichtiges, historischem Wandel und verschiedenen Kulturen unterworfenes Phänomen durch ein Schlagwort (be-)greifbar zu machen – was wäre damit gewonnen bzw. verloren? – sondern darum, die Argumentation Nāgārjunas (bzgl. Sprache, Erkenntnis und Ethik) Wittgenstein gegenüber zu stellen.
Dafür ist es wichtiger, eine Vorstellung der Sprachphilosophie in Indien zur Zeit Nāgārjunas zu haben, als ‚Buddhismus' in toto einer Kategorie zuzuordnen.

Sprachphilosophie in Indien zur Zeit Nāgārjunas

Im alten Indien gilt das Wort (der Veden) als heilig, da den Dingen von reinen Dichtern und Sehern (ṛṣis) ursprünglich [aus Liebe die rechten] Namen gegeben wurden *(nāmadheyaṃ dadhānāḥ)* [57]. Auf diesem Hintergrund erklärt sich, dass Sprache in Indien zur Zeitenwende immer referenziell zu einer entsprechenden Wirklichkeit ist (Isomorphie-Prinzip). Ähnlich wie in Europa Griechisch und Latein, wird in Indien die grammatische Struktur des Sanskrit als heilig und universell betrachtet und lediglich das Vokabular verschiedener Sprachen als unterschiedlich.[58]
Sprache ist immer Ausdruck von etwas, z. B. einer Sache, einer Idee, einem Phänomen und nur bedeutungsvoll, wenn es eine Verbindung zwischen Ausdruck und Bezeichnetem gibt. Das gilt für alle nicht-buddhistische Schulen Indiens der damaligen Zeit: Nyāyayikas, Mīmāṃsakas und Advaita Vedāntins. Bedeutungsvolle Sprache setzt immer eine Welt voraus, die entsprechende Entitäten enthält. Dass ein Wort etwas bedeutet, ist bereits ein Indiz für eine entsprechende Entität in der Welt und wird kaum problematisiert. Das Problem wird besonders bei den Nyāyas eher im Verhältnis der Bedeutung einzelner Worte zur Bedeutung eines ganzen Satzes

[56] Brück (2007), Zotz (1996), Siderits (2007), Schmidt (2011) u.a.
[57] Bronkhorst (2011) S. 5 f.
[58] Bronkhorst (2011) S. 16.

angesiedelt[59] – das Problem des hermeneutischen Zirkels.[60] Alles Konzipierbare, selbst die Abwesenheit einer Entität, ist *padārtha*, das durch Worte Bedeutete. Sprache ist das kraftvollste Instrument, die Identität einer Sache zu etablieren – sowohl für das Wissen und Reden über Tatsachen, als auch für die Kommunikation und moralische Gebote als Handlungsanweisungen.[61]

Gegen die damit verbundene Weltperzeption und philosophisch spekulativen Theorien wendet sich Nāgārjuna ebenfalls: er führt jede einzelne sprachlich formulierbare Position ad absurdum und begründet ex contrario die Philosophie der Leerheit von Eigenwesen.

[59] Bartley (2011) S. 114 f.
[60] Siderits (1991) S. 49.
[61] Bartley (2011) S. 115.

5. Nāgārjunas Philosophie

Nāgārjuna lebte vermutlich im zweiten bis dritten Jahrhundert n. Chr.[62] in Indien, über sein Leben gibt es viele Legenden, aber wissenschaftlich belegbar ist nur seine Herkunft aus der Brahmanen-Kaste der Hindus und seine Freundschaft mit dem hinduistischen König Satavahana (166-196 n. Chr.). Damals entwickelt sich in Indien gerade eine neue Denkweise, der spätere Mahāyāna-Buddhismus. Für die zu Nāgārjunas Lebzeiten noch junge Entwicklung des Mahāyāna (großes Fahrzeug) sind viele Faktoren ausschlaggebend, wie neue soziale Umstände, neue Verehrungsformen und neue Praxisformen der meditativen Einsicht.[63] Nāgārjuna beruft sich in seinem Hauptwerk, den *Mūlamadhyamakakārikā* (MMK), ausschließlich auf die bekannten Schriften des *Tripiṭakas* und nicht auf die zu seiner Zeit bereits bekannten und verfügbaren Mahāyānasutras[64] des 1. Jh. n. Chr. Obwohl Nāgārjuna als Beförderer, manchmal sogar als Begründer des Mahāyāna gilt, hat er vornehmlich die Zielrichtung, den frühen Buddhismus auf ein solides argumentatives Fundament zu stellen. Nāgārjunas Lehren über *śūnyatā* werden im Laufe der Zeit in den Lehren des So-Seins (*tathātā*), der Buddhanatur (*tathāgatagarbha*) und der Lehre der Drei-Körper (*trikāya*) reifiziert, in den beiden Formen des Cittamātra (Vijñānavāda, Yogācāra) und des Mādhyamaka an vielen asiatischen Klosteruniversitäten elaboriert und systematisiert, und in verschiedenen Praxisformen in Nachbarländern Indiens und über Tibet und China auch in Korea, Japan, Indonesien und anderen ostasiatischen Ländern verbreitet, bevor sie letztes Jahrhundert in den Westen kommen[65]. In der Philosophie des Mittleren Weges (Mādhyamaka) geht es um den Mittelweg zwischen Sein *(sat)* und Nicht-Sein *(asat)*, der sowohl bzgl. der Person als auch bzgl. der Objekte die beiden Extreme Eternalismus und Nihilismus vermeidet. Während die Sarvāstivāda–Scholastik die Wirklichkeit noch als ein Zusammenspiel von endgültig existierenden Daseinsfaktoren, den *dharmas* erklärt, befasst sich Nāgārjuna mit den Widersprüchen dieser Positionen[66] und den Grenzen des konzeptuellen „Sprachdenkens" durch den

[62] Ruegg (1981) S. 4; Walser(2005) S. 61.
[63] von Brück (2007) S. 223 ff.
[64] Warder (1973) S. 79.
[65] Zotz (1996) S. 171 ff u. 266 ff; Williams (2009) S.81 f; u.a.
[66] Williams (2009) S. 68.

Geist (*citta*)[67] – ‚Sprachdenken', weil es hier nicht um gesprochene Sprache im Gegensatz zum Denken geht, sondern um die Fähigkeit zu benennen und Namen zu geben, die beide Bereiche umfasst (s.u.).

Hat man in diesem Sinne die Erkenntnis der Leerheit erlangt, hat dies unmittelbare Konsequenzen für die Ethik[68], man kann mitten im Leben den Pfad des Bodhisattvas gehen, den Nāgārjuna im *Ratnāvalī* (RĀ) sogar seinem Freund, einem König, ans Herz legt.

Nāgārjuna begründet in den *Mūlamadhyamakakārikā*, warum Sprache sich als Mittel, hinter die [immer nur sprachlich ausgedrückten] Phänomene zu dringen, nicht eignet, aber auch, wie durch Sprache auf die endgültige Realität gezeigt (*deśyate*) werden kann.

Von seinen vielen ihm zugeschriebenen Werken gelten nach der Analyse von Lindtner[69] als aus eigener Feder stammend 1. die argumentativen Werke: die *Mūlamadhyamakakārikā* (Grundlegende Verse über den Mittleren Weg), *Śūnyatāsaptatikārikā* (70 Verse über Leerheit), *Vigrahavyāvartanī* (Abwehrerin aller Dispute), *Yuktiṣaṣṭikā* oder *Pratītyasamutpādahrdayakārikā* (Verse über das Herzstück der Lehre des abhängigen Entstehens), *Vaidalyaprakaraṇa* (Lehrrede ‚Feines Gewebe'), 2. die ethischen Werke in Briefform: *Ratnāvalī* (Kostbare Girlande der Ratschläge an einen König) und *Suhṛllekha* (Brief an einen Freund, ebenfalls König Satavahana) und 3. die Hymnen *Catuḥstava*.

In seinen argumentativen Schriften dekonstruiert Nāgārjuna jede substanzielle Sicht der Welt, jede Metaphysik und jede Ontologie – sowohl materieller als auch idealistischer Prägung. Die beiden zuletzt genannten Werke enthalten seine ethisch-moralischen und politischen Ansichten[70], aber sie dienen nicht nur der angemessenen moralisch/ethischen Interaktion mit der Welt und anderen fühlenden Wesen, sondern auch einem korrekten, theoretisch-kognitiven Verständnis der Wirklichkeit, denn

---

[67] ebd. S.69. Die Übersetzung von *citta* mit *mind* hat sich eingebürgert; *citta* bezeichnet aber je nach Kontext Verschiedenes bzw. verschiedene geistige Vorgänge: Denken, Gedanke, Bewusstsein, Geist, Geisteskontinuum, auch Verstand, Vernunft, die Fähigkeit zu benennen, Wille usw. Weder ist *citta* deckungsgleich mit Geist noch mit *mind* und letztere sind ebenfalls nicht kongruent.

[68] Westerhoff (2009) S. 213.

[69] Lindtner (1982).

[70] Mall (2006) S. 31.

darauf beruht bei Nāgārjuna jede Begründung von Ethik, Freiheit, Verantwortung und der Möglichkeit der geistigen Entwicklung sowie das soteriologische Ziel des Erwachens, *nirvāṇa*.[71]

Im Laufe der Zeit wurde Nāgārjunas Philosophie u. a. als Nihilismus, Monismus, Irrationalismus, Misologie, Agnostizismus, Skeptizismus, Kritizismus, Dialektik, Mystizismus, Akosmismus, Absolutismus, Relativismus, Nominalismus sowie Sprachanalyse mit therapeutischem Wert [u. a.] beschrieben[72] und in Deutschland je nach philosophischer Modeströmung vom deutschen Idealismus (19 Jh.) und von der Sprachphilosophie (20. Jh.) vereinnahmt.[73] Nāgārjuna lässt sich jedoch nicht vereinnahmen und schreibt unzweideutig, dass er keine Position einnimmt und nichts negiert (VV 63). Das hängt mit seiner manchmal als dialektisch bezeichneten Argumentationsmethode, der *catuṣkoṭi* (Tetralemma), zusammen, mit der Nāgārjuna jeden philosophischen Standpunkt überwindet[74]. Die *catuṣkoṭi* wurde ausführlich von Sturm mit westlichen Ansätzen tetragrammatischer Logik verglichen.[75] Nāgārjunas Argumente als sprachkritisch zu interpretieren, obwohl er keine eigenständige, ‚reine' Sprachphilosophie im Gegensatz zu einer Ontologie entfaltet, ist eine junge Entwicklung; denn die ontologischen und epistemologischen Ebenen sind bei ihm nicht systematisch unterschieden und lassen viel Spielraum für Interpretation. Das Wort *prapañca* bedeutet zugleich die vielfältige Elaboration begrifflicher Konstruktionen als auch die gesamte vielfältige Welt der Erscheinung. „Da nach indischer Auffassung keines der beiden logische Priorität über das andere für sich in Anspruch nehmen kann [...], ist mit dem Verschwinden des Einen immer auch das Verschwinden des anderen [...] verbunden."[76]

Seine Argumentation findet im Rahmen des Sanskrits statt, lässt sich aber nicht nur auf alle indogermanischen Sprachen, sondern auf alle Sprachen beziehen, die Subjekt, Verb und Objekt unterscheiden, sowie auf alle Sprachen, die auf eine als sprachunabhängig geltende Wirklichkeit verweisen. Um diesen Punkt geht es bei einem Vergleich mit der späten Philosophie Wittgensteins.

---

[71] ebd.
[72] Ruegg (1981) S. 2.
[73] Tuck (1990) S. 31 und S. 74 ff.
[74] nach Robinson (1972) S. 325 ff ist das nicht der Fall (s.u.).
[75] Sturm (1996).
[76] Weber-Brosamer (1997) S. 96.

Nāgārjunas bekanntestes Werk, die *Mūlamadhyamakakārikā*, ist nach Siderits umstrittener Ansicht nicht wie eine klassisch philosophische Abhandlung zu verstehen, sondern als eine mnemotechnische Hilfe in Versform, die sich dialogisch auf verschiedene Positionen bezieht und diese widerlegt.[77] Dies sind vermutlich einerseits die de facto bekannten Positionen der damaligen Zeit in Form (vermuteter) „imaginärer Debattierpartner"[78] bzw. logisch-argumentative Einwände[79] auch gegen Positionen, die z.T. bis heute vertreten werden. Trotzdem sind Nāgārjunas kryptisch wirkende Verse oft ohne Kommentar oder Kenntnis der gegnerischen Einwände, auf die sie sich beziehen, nur schwer oder gar nicht verständlich. Ihre dichterische Poesie in Reim und Versmaß ist hingegen jedem Zuhörer selber unmittelbar zugänglich. Noch schwerer als den semantischen Gehalt zu übersetzen, ist die Wiedergabe dessen, was nicht gesagt, sondern nur poetisch gezeigt wird[80].

Im Folgenden werden die wichtigsten Elemente der Philosophie Nāgārjunas, die für einen Vergleich mit Wittgenstein in Frage kommen, erläutert: das zentrale Konzept, um das sich seine Philosophie konstituiert, ist die Leerheit (*śūnyatā*)[81], genauer: die Leerheit, Abwesenheit oder das Nicht-Vorhandensein von *svabhāva*. *Svabhāva* [*sva* = eigen, innewohnen; *bhāva* = Wesen] kann mit Eigenwesen, inhärenter Existenz oder intrinsischer Natur, aber auch mit Substanz, Wesen oder Essenz übersetzt werden. *Śūnyatā* ist also die Abwesenheit eines Eigenwesens (*svabhāva*) bzw. einer inhärenten Substanz. Als Eigenschaften von *svabhāva* werden allgemein Unabhängigkeit, Beständigkeit und Unteilbarkeit[82] gelehrt, Eigenschaften, die aus heutiger Sicht typischer Weise die Sprache zu besitzen scheint und die charakteristischer Weise auf die Phänomene projiziert werden[83]. So ist jedes beliebig benannte Objekt sprachlich als Wort in der Zeit mit sich identisch (beständig) und wird scheinbar unabhängig von seinem Gegensatz und anderen Begriffen benannt (Unabhängigkeit), durch die Benennung scheint auch jedes Phänomen wie eine Entität zu existieren (Unteilbarkeit). Jedes Phänomen erscheint dem benennenden, denkenden Geist (engl. *mind),* als habe es diese Eigenschaften - und so erscheint es vermutlich auch den Sinnen.

---

[77] Siderits (2013) S. 2.

[78] Weber Brosamer (1997) [Vorwort des Herausgebers K. Meisig].

[79] Oetke (2001) S. 6 f.

[80] Ein Versuch in dieser Richtung hat Stephen Batchelor (2000) unternommen.

[81] Abraham Velez de Cia: http://www.jstor.org/stable/4487985?seq=1#page_scan_tab_contents

[82] Am besten wendet man sich den mit *śūnyatā* und *svabhāva* verbundenen Eigenschaften direkt zu, statt sein Verständnis nur auf die übersetzten Begriffe zu stützen, da jeder Begriff ganz eigene Assoziationen hervorruft.

[83] Abel (2010) S. 134, 135 f.

Wird hingegen nachgewiesen, dass Phänomene abhängig, unbeständig und teilbar sind, besitzen sie keinen *svabhāva,* sondern sind leer (*śūnya*) davon. Dass Phänomene in diesem Sinne ‚leer' sind, bedeutet keinesfalls, dass sie nicht existieren oder ihrer Erscheinung (*bhāva*) nichts Reales zugrunde läge – aber mit Sicherheit ist diese Realität endgültig nicht so, wie sie erscheint und begrifflich fassbar ist – mit einem beständigen, unabhängigen und teilelosen Eigenwesen. Eigenwesen erscheint nur aufgrund sprachlicher Konventionen, die zwar Kommunikation ermöglichen, die Wirklichkeit aber nicht korrekt beschreiben – daher zwei Wahrheiten: konventionelle und endgültige Wahrheit. Alle inneren wie äußeren Phänomene entstehen in Abhängigkeit – auch in Abhängigkeit von Sprache und Benennungen. Das gilt selbstverständlich auch für die Person, die ebenfalls frei von solch einem Eigenwesen bzw. einer Seele ist (*anātman*, Selbstlosigkeit der Person). Das zu erkennen ist Weisheit (*prajñā*), konsequent danach zu handeln ist ethisch (*śīla*) – beides zusammen bewirkt letztlich Erwachen (*nirvāṇa*).

5.1 Leerheit (*śūnyatā*): die Nicht-Existenz von Eigenwesen (*svabhāva*)

Als kontrafaktischen Eigenschaften des nicht existenten Eigenwesens (*svabhāva*) werden im Allgemeinen 1. Unabhängigkeit (*svatantra*), 2. Beständigkeit (*nitya*) und 3. Unteilbarkeit[84] *(avibhājyatā)* bezeichnet. Das problematisierte Eigenwesen bezieht sich nicht nur auf das Verhältnis der sprachlich benannten Welt zu einer seienden Welt, sondern auch auf die Existenzweise der Welt selber. Im Rahmen dieses Buches wird besonders der sprachliche Aspekt, also z.B. die Abhängigkeit des Bezeichneten vom Bezeichnenden und vice versa, betont. Auf keinen Fall soll Nāgārjuna auf diese Aussage reduziert werden – die Aussage, dass er das eine widerlegt, bedeutet nicht, dass er das Gegenteil bejaht.

1. Unabhängigkeit *(svatantrā)* : könnte etwas aus sich heraus, aus eigenem Impuls und eigener Kraft, ohne von Ursachen und Bedingungen abhängig zu sein, genau so erscheinen, wie es benannt wird, wäre es unabhängig existent (*bhāvāḥ svatantrāḥ*) [MMK 15]: tatsächlich ist weder ein Wort unabhängig vom Bezeichneten, noch das

[84] engl: partlessness, von A. Berzin mit ‚Teilelosigkeit' übersetzt, Widerlegung im RĀ .

Bezeichnete unabhängig davon, dass es bezeichnet wird[85] – im Gegenteil: Bezeichnung und Bezeichnetes sind *gegenseitig* voneinander abhängig (*pratītyasamutpāda*): Gäbe es eine unabhängige Substanz, ein von Benennung unabhängiges Wesen eines Phänomens, könnte dieses Wesen nur

a. *identisch* mit dem erscheinenden Phänomen sein oder

b. *verschieden* von dem erscheinenden Phänomen sein.

Spekulativ könnte sie auch

c. *sowohl* identisch *als auch* verschieden vom Phänomen sein – oder

d. *weder* identisch *noch* verschieden sein.

Alle Alternativen, so zeigt Nāgārjuna, führen zu Widersprüchen.

zu a. Wäre das *svabhāva*-Wesen identisch mit der Erscheinung, wäre es nicht unabhängig und nicht anders als das erscheinende Phänomen, welches in dreifacher Hinsicht abhängig ist:

- von seinen Ursachen
- von seinen Teilen
- von seinen Benennungen.

Schon die Definition eines Produktes besagt nach buddhistischer Auffassung, dass es aus Ursachen und Bedingungen entstanden und produziert ist und seine Existenz von diesen abhängt. Wenn das Wesen der Produkte nicht-produkthaft sein soll, ist das in der Tat eine schwer haltbare Position. Allerdings ist diese Position auch die am meisten verbreitete Position der westlichen Philosophie und Nāgārjunas Widerlegung um so relevanter.

Ein Produkt ist auch nicht unabhängig von seinen Teilen, sonst würde es weiterbestehen, wenn ein, mehrere oder alle Teile entfernt würden.

Dass ein jegliches Phänomen auch von seiner Benennung abhängt, scheint die ontologische und epistemologische Ebene zu vermischen. Hierbei ist jedoch zu unterscheiden: nicht die Grundlage, aufgrund derer etwas bezeichnet wird, ist das Problem, sondern die zuallererst mit dem Bezeichnen (Sprache) einhergehenden Eigenschaften von Dauerhaftigkeit, Identifizierbarkeit, Getrenntheit und Unabhängigkeit (*svabhāva*). Sie erscheinen, als wären sie Eigenschaften des Phänomens, obwohl es sich lediglich um allgemeine Strukturelemente des Sprachlichen handelt, die ausschließlich auf Seiten des Benennens und des Namens, nicht auf Seiten des

---

[85] die ‚für die Bezeichnung geeignete Grundlage' ist mit ‚dem Bezeichneten' nicht identisch.

Benannten zu verorten sind. Diese Konstruktionen bzw. Projektionen der Sprache entstehen in völliger Abhängigkeit von Benennung.
Wäre das Eigenwesen identisch mit der vergänglichen Erscheinung, hätte es nicht die Merkmale des Eigenwesens und wäre kein Eigenwesen. Ein Eigenwesen kann also nicht identisch mit ‚seiner' veränderlichen Erscheinung sein.

zu b. Wäre *svabhāva* verschieden von der Erscheinung und hätten beide verschiedene Eigenschaften (unverändert vs. veränderlich) müsste geklärt werden, wie die Erscheinungen zusammenhängen (*saṃsarga*) und in welcher Beziehung die vergängliche Erscheinung zum unvergänglichen Eigenwesen (*svabhāva*) steht, ohne zu logischen Widersprüchen zu führen. Nāgārjuna zeigt im Kap. XIV seiner *Mūlamadhyamakakārikā*, dass Verschiedenheit (*anyatva*) von Erscheinung und einer unabhängigen Essenz inkonsistent ist, weil Verschiedenes wenn es verbunden wird, nicht mehr verschieden ist – es lässt sich nicht mehr einzeln aufzeigen und (völlig) voneinander abgrenzen, es löst sich auf und ist nicht mehr existent. Also kann ein Phänomen auch kein anderes (nicht identisches) Eigenwesen besitzen, das mit ihm verbunden wäre. Beide müssen *gegenseitig voneinander abhängig* sein. Selbst das Postulat *nur einer* a priori aus sich selbst heraus existierenden Urnatur *(prakṛti),* Grund *aller* Erscheinungen, ein einziges ungeteiltes Sein, Gott oder Brahman wie im Sāṃkhya-System, löst das Problem nicht. Da *prakṛti* Eigenwesen (*svabhāva*) besitzt, müsste durch eine Verbindung zur beobachteten Veränderung (*anyathābhāva*) auch in diesem Fall entweder das Veränderbare oder das Nicht-Veränderbare ihr charakteristisches Merkmal (*svalakṣaṇa*) aufgeben. Eigenwesen kann also nicht verschieden und zugleich mit dem Phänomen verbunden sein. Somit scheidet auch die zweite Alternative aus.

zu c. Da identisch und nicht-identisch sich logisch gegenseitig ausschließen, ist die Option, dass beides zugleich der Fall sei, auch widersprüchlich.

zu d. Wenn etwas weder mit sich identisch wäre noch etwas anderes – was beides schon unter a. und b. widerlegt wurde, existierte es überhaupt nicht. Nihilismus ist jedoch auch keine konsistente Option, da er nichts erklärt und im Widerspruch dazu steht, dass überhaupt Phänomene erscheinen.

Da alle logischen Möglichkeiten eines unabhängigen, beständigen Eigenwesens eines veränderlich erscheinenden Produktes widerlegt sind, ist es nicht möglich, die Behauptung seiner Existenz aufrecht zu halten[86]:

15.1:[...] Ein Eigenwesen, das durch Ursachen und Bedingungen hervorgebracht würde, wäre ein Produkt [*kṛtaka*, künstlich Erschaffenes].

15.2: Wie aber könnte es je Eigenwesen geben, das ein Produkt [Geschaffenes] ist? – Eigenwesen ist nichts Zufälliges und nicht von anderem abhängig"

Schließen sich per Definition Wesen (Essenz) und Produkt (Ding) als gegenseitiges Begriffspaar aus, sodass etwas nur entweder das eine oder das andere sein kann – ist ‚etwas' entweder von Ursachen und Bedingungen[87] erschaffen oder nicht erschaffen.

Nach Nāgārjuna legt das den Schluss nahe, dass es ein vom Produkt *unabhängiges* Eigenwesen in der Realität nicht geben kann. Durch seine polare Argumentation *(catuṣkoṭi),* durch das abhängige Entstehen und einer geeigneten Benennungsgrundlage vermeidet er jedoch, in das andere Extrem, in den Nihilismus zu fallen.

Wenn es weder nicht-erzeugtes Eigenwesen noch erzeugtes Eigenwesen gibt und geben kann, woher käme dann „das Anders-Seiende" [Skr. *parabhāva* ; Extrinsische, Fremdwesen]? - fragt Nāgārjuna in 15.3 der *Mūlamadhyamakakārikā* :

15.3: „Wenn Eigenwesen nicht existiert, wie kann es anderes Wesen geben? Wird doch anderes Wesen das Eigenwesen eines anderen Existierenden genannt." [88]

Mit anderen Worten: wie könnte Etwas „nicht-zum-Eigenwesen-gehörende" Eigenschaften besitzen? „Fremde" Wesenseigenschaften, z.B. der Teile, können nur zu einem Phänomen gehören, wenn „das Andere" diese selbst als Eigenwesen besitzt und nicht in einem infiniten Regress auf weiter anderes verwiesen wird. Irgendetwas müsste sich schließlich „selbst besitzen". Nach Oetger und Siderits, meint Nāgārjuna hier wie in MMK 1.3 die Ebene des Realen und nicht die begriffliche Ebene, aber

[86] Siderits (2013) S. 154 f. (engl.-dt. FB). Im Original [sk.]: *„na saṃbhavaḥ svabhāvasya yuktaḥ pratyayahetubhiḥ* | *hetupratyayasaṃbhūtaḥ svabhāvaḥ bhavet* ||1||" und *„svabhāvaḥ kṛtako nāma bhaviṣyati punaḥ katham* | *akṛtrimaḥ svabhāvo hi nirapekṣaḥ paratra ca* ||2||".
[87] zum Begriff ‚*pratyaya*' (hier mit ‚Bedingung' übersetzt, s. Inada (1970), S. 37; Vgl. Conze (1990) S. 203 ff.
[88] Siderits (2013) S. 157 MMK 15.3 (sk.): *„kutaḥ svabhāvasyābhāve parabhāvo bhaviṣyati* | *svabhavaḥ parabhāvasya parabhāvo hi kathyate* ||3|| [engl.-dt. FB].

selbst auf der begrifflichen Ebene träfe die Konsequenz ebenso zu: es kann nichts „Eigenes" ohne „Anderes" geben – und vice versa. Das zeigt Nāgārjuna im 4. und 5. Vers:

15.4: „Weiterhin – wie kann Wesen [*bhāva*] ohne Eigenwesen
und ohne Fremdwesen existieren?
Da doch Existierendes nur durch Eigenwesen
oder Fremdwesen zu erweisen ist."

15.5: „Wenn Sein nicht erwiesen ist,
ist Nicht-Sein (*abhāva*) auch nicht erwiesen,
denn Menschen bezeichnen für gewöhnlich mit ‚Nicht-Sein'
das Anderswerden (*anyathābhāva*)".[89]

Hier leitet Nāgārjuna seine Argumente aus dem (gewöhnlichen) Sprachgebrauch ab und argumentiert, dass sich nicht nur Eigenwesen und Fremdwesen ausschließen, sondern (dadurch) auch ‚Sein' oder ‚Nicht-Sein'. Nāgārjunas Philosophie kreist nicht um das Nicht-Sein (z.B. als konstruierter Gegensatz zu einer westlichen Philosophie des Seins), sondern löst den Gegensatz auf:

15.11: „Was auch immer durch sein Eigenwesen existiert, wird nie nicht-seiend;
daraus folgt Ewigkeitsglaube.
Es existiert jetzt nicht, [aber] existierte zuvor –
daraus folgt das Aufhören [der Dinge].

15.10: [...] Deswegen sollte der Weise sich weder auf Sein noch auf Nicht-Sein verlassen".[90]

Bloß weil man von dem einen unabhängig von dem anderen sprechen kann, heißt es nicht dass ‚diese und jene' getrennt existieren oder nicht existieren. Ein Unabhängiges kann es weder im großen Ganzen geben, noch im kleinen Detail (z.B. Atom, String, Higg, Qubit).

---

[89] Siderits (2013) S. 158 15.4 und 15.5 (sk.): *„svabhāvaparabhāvābhyam ṛte bhāvaḥ kutaḥ punaḥ | svabhāve parabhāve ca sati bhāvo hi sidhyati ||4|| bhāvasya ced aprasiddhir abhāvo naiva sidhyati | bhāvasya hi anyathābhāvam abhāvaṃ bruvate janāḥ ||5||"* [engl.-dt. FB].

[90] Siderits (2013) S. 161 f. (engl. - dt. FB). 15.10 und 15.11 lauten im Original [sk.]:
„astīti śāśvatagrāho nāstīty ucchedadarśanam | tasmād astitvanāstitve nāśrīyeta vicakṣaṇaḥ
||10||
asti yad dhi svabhāvena na tan nāstīti śāśvatam | nāstīdānīm abhūt pūrvam ity ucchedaḥ prasajyate ||11||

2. Beständigkeit: (*nitya, ātman, aniśa*) ist ein weiterer kontrafaktischer Aspekt des Eigenwesens. Es können unsere Sinne sein, die subtile Veränderungen nicht wahrnehmen und dadurch den Glauben an Beständigkeit induzieren, aber es ist auch die charakteristische Art, wie Sprache funktioniert. Es wird als selbstverständlich vorausgesetzt, dass die Bedeutung eines Wortes durch die Zeit persistiert, wie Universalien. Sprache wird als die objektive, sinnlich *fixierte Bedeutung* angesehen, die dem Geschehen innewohnen soll – d. h. Bedeutung geht nicht in der Zeitlichkeit des Vorganges auf, sondern überdauert den Augenblick ihrer aktuellen Vergegenwärtigung, sie überwindet die Zeitlichkeit durch ihren „objektiv" vorliegenden Gehalt. Beständigkeit gründet in der Sprache selbst und verleiht ihr ihren Sinn unabhängig von subjektivem Belieben. Die Wirklichkeit zusammengesetzter Phänomene (*saṃskṛta*) hingegen ist immer von drei Kennzeichen (*lakṣaṇa*) – Entstehen (*utpāda*), Bestehen (*sthiti*) und Vergehen (*bhaṅga, nirodha*) – gekennzeichnet (MMK Kap. 7). Diese drei zusammen sind das Unterscheidungsmerkmal (*lakṣaṇa*) der produkthaften Phänomene (nichtprodukthafte Phänomene sind traditionell nur der Raum und *nirvāṇa*, was Nāgārjuna aber in MMK 5.7 und Kap. 25 ebenfalls widerlegt). Versteht man Entstehen, Bestehen und Vergehen als Universalien, die als dauerhaftes, beständiges Wesen der Produkte identifiziert werden sollen, führt es dazu, dass ausgerechnet das Verändernde und Veränderliche (Entstehen, Vergehen) unverändert bestehen müsste oder das Entstehen in einem infiniten Regress sich selber entstehen lassen müsste sowie das Vergehen selbst vergehen müsste. Beständiges Entstehen, Bestehen und Vergehen führt zu Widersprüchen, welche die Existenz eines beständigen Wesens ausschließen.

3. Unteilbarkeit: wäre ein beliebiges Phänomen unabhängig von seinen Teilen, könnten diese alle auf einmal oder nach und nach verschwinden, ohne dass beispielweise ein Wagen, der sich aus Einzelteilen zusammensetzt, selber mit verschwände. Nicht nur ein Wagen ist von seinen Teilen abhängig – ohne die Teile, die es konstituieren, existiert gar kein Produkt.

Die Teile aber existieren ebenfalls weder allein aufgrund des Ganzen, noch allein aus sich selbst, da das oben für jedes Phänomen widerlegte Eigenwesen natürlich auch für ‚Teile' gilt. Teile und Ganzes existieren ebenfalls ausschließlich in *gegenseitiger Abhängigkeit*. Im *Ratnāvalī* schreibt Nāgārjuna seinem Freund, dem König: „Nichts kann Eins sein, wenn es mehrere Teile enthält. Etwas Teilloses gibt es aber nicht [...]".[91]

Nāgārjuna zufolge ist kein unabhängiges (engl. autonomous, independant), teileloses (engl. partless, unitary) und dauerhaftes (engl. permanent, unchanging) Wesen widerspruchsfrei zu finden. Ein Beispiel mag das verdeutlichen:

Beispiel des Gehers und des Gehens

Nāgārjunas fragt: „Kann man denn wirklich sagen, ‚der Geher geht', wenn es ohne Gehen den Geher überhaupt nicht gibt?" (MMK 2.1). Wenn ja, dann könnte man auch sagen, ‚der Geher geht nicht (mehr)' und ‚der Geher ist stehen geblieben', woraus sich ergibt, dass ein Geher durch zwei unvereinbare Gegensätze charakterisiert werden kann – einerseits durch Nicht-Gehen zu Zeiten, da er nicht geht und andererseits durch Gehen, wenn er geht. Geher und Gehen können demnach nicht identisch sein, noch sind beide etwas anderes (MMK 2.18 ff.): wären der/die Gehende und das Gehen dasselbe, wären Tat und Täter eins (*ekībhāva*)[92]. Wäre Gehen etwas anderes (*nānābhāva*) als der Geher, müsste es ein Gehen ohne Geher und einen Geher ohne Gehen geben. Beide Ergebnisse sind nicht zufriedenstellend (MK 2.21); deswegen gibt es in Wirklichkeit „weder ein Gehen, noch einen Geher, noch ein Ankommen (*gantavya*)" (MMK 2.25)[93] – d.h. es gibt keine getrennten, unabhängigen Universalien, Eigenwesen oder Substanzen des ‚Gehens' und des ‚Gehenden'. Das Leersein von solch ‚Eigenwesen' wird *śūnyatā* bzw. *niḥsvabhāva* genannt.
Beide, Gehen und Geher, sind sowohl begrifflich als auch real aufeinander (und auf anderes) bezogen – das ist das abhängige Entstehen (*pratītyasamutpāda*).

Da es in der Natur des Begrifflichen liegt, Bedeutung entgegen dem Strom der Zeit zu fixieren und in der Natur der Grammatik liegt, im Leben zusammenhängendes den grammatischen Strukturen von Subjekt, Prädikat und Objekt zu unterwerfen und damit zu trennen [Vgl. Wittgenstein], kann auch Nāgārjuna bei jedem Begriff ähnlich argumentieren: konsequent zu Ende gedacht, führt jede sprachliche Unterscheidung

---

[91] Frauwallner (1969) S.216, RĀ 71 [sk]: *„naiko, ̀anekapradeśatvān nāpradeśaś ca kaścana /"*
[92] MMK Kap. 8.
[93] Siderits (2013) 2.25 [sk]: „tasmād gatiś ca gantā ca gantavyaṃ ca na vidyate //25// [engl-dt. FB]

von Subjekt, Handlung und Objekt (der Sehende sieht das Gesehene, der Hörende hört das Gehörte usw.) immer zu Widersprüchen. Das gilt auch für Täter und Tat des im Buddhismus ethisch wichtigen Karma-Prinzips (MMK Kap.8), dem zu Folge Täter (*kāraka*), Tat und Wirkung (*karma* und *vipāka*) immer zusammenhängen: wären Tat und Täter jedoch real und autonom im Sinne von *svabhāva* (MMK 8.1), hingen sie beide nicht zusammen; wäre eines von beiden nicht real, gäbe es Tat ohne Täter oder Täter ohne Tat (MMK 8.2) – was eine *contradictio in adiecto* darstellt; wären beide nicht real, wären sie unverursacht und inexistent (MMK 8.3). Andere Kombinationsmöglichkeiten im Rahmen des *catuṣkoṭi* (Täter und/oder Tat sind „sowohl real als auch nicht real" (3) oder „beides nicht" (4)). (3) wäre ebenfalls widersprüchlich und (4) wäre willkürlich. Täter und Tat können nicht widerspruchsfrei jeweils ein eigenes Wesen (Essenz) besitzen, d. h. inhärent existieren. Nur in gegenseitiger Abhängigkeit entstanden können sie widerspruchsfrei zusammenhängen, wirken und wieder vergehen.

Als Konsequenz müssen auch Selbst und Selbstlosigkeit entsprechend gedeutet werden: wie ist die Selbstlosigkeit zu verstehen, wenn Tat und Täter zusammenhängen, obwohl sie nicht real, nicht nicht-real, nicht beides zugleich und nicht weder noch, d.h. keines von beiden, sind?

Selbstlosigkeit (*anātman*)

Prima vista ist es korrekt und angemessen von einem ‚ich' bzw. einem ‚selbst' zu sprechen – das ist die konventionelle Ebene, die der Erfahrung entspricht.

Überlegt man sich, ob und wie ein ‚Ich' tatsächlich und letztgültig existiert, ob es ewig und unverändert sein kann und wie ein solches Selbst mit ganz anderen Eigenschaften mit den fortwährenden Veränderungen der manifesten ‚Person' in Verbindung stehen könnte, ergeben sich bei allen Antwortversuchen und Modellen Widersprüche: solange ich von Ursachen und Bedingungen abhänge, dem ständigen Wandel unterworfen bin und meine Teile wie Körper, Gefühle, Geist mich ausmachen, kann ‚Ich' nicht zugleich ein unabhängiges, permanentes und teileloses Wesen sein oder haben und mit mir zusammenhängen.

Bei ‚Ich', ‚Selbst', ‚Person' u. a. kann es sich nur um ein sprachliches Phänomen, eine bloße Benennung handeln, die der manifesten Grundlage des Lebensflusses und komplexen Wirkungszusammenhangs einen Namen auferlegt, der den Schein erweckt, es handle sich um ein in der Zeit identisch bleibendes Phänomen. Der bloße Name aber konstituiert niemals eine endgültige Realität, höchstens eine sprachlich-konventionelle:

„Namen sind den einzelnen Phänomenen nicht naturgegeben, sondern werden ihnen auferlegt, ihnen gegeben. Die Namen sind willkürliche Benennungen. Alle diese Namen sind Benennungen [...] es ist so: das sogenannte „Ich" ist zum Beispiel ein gesprochener Ausdruck, doch ist das „Ich" nicht zu erfassen."[94]

So geht es mit allem Benannten – wenn man nach der endgültigen Bestehensweise sucht, ist das Benannte...

„in keiner objektiven Weise irgendwie zu finden. Und dies ist ein Anzeichen dafür, dass alle Phänomene nicht von der Objektseite her existieren, sondern einzig kraft der Bezeichnung durch das Subjekt als etwas Existentes bestimmt werden."[95]

Śūnyatā auf das Subjekt und auf den Menschen angewandt ist (im Mahāyāna) die Selbstlosigkeit der Person, d. h. ‚Personen' existieren nur kraft unserer Benennungen. Nicht buddhistische Philosophien können im Allgemeinen *„nicht einmal die bloße Selbstlosigkeit der Person akzeptieren und sehen sich genötigt, ein beständiges, teileloses und unabhängiges Selbst anzunehmen."*[96] Solch ein endgültig bestehendes „Selbst der Person", ein *ātman* (Seele oder Wesen) weist Nāgārjuna mit derselben Konsequenz wie das inhärente ‚Wesen' der Objekte zurück (MMK 18):

18.1: „Wäre der *ātman* [das Selbst der Person] identisch mit den *skandhas* [den Aggregaten der Person[97]], hätte er Anteil am Entstehen und Aufhören. Wäre er von den *skandhas* verschieden, hätte er die Eigenschaften eines Nicht-*skandha*."

18.2: „Wie kann es bei einem nicht-existenten ‚Selbst' etwas geben, ‚das zu ihm gehört' (*ātmīya*, ‚Mein')? Aufgrund des Aufhörens des ‚Selbst' und von dem, was zum Selbst gehört (*ātmanīna*), gibt es kein ‚Mein' und kein ‚Ich' (*ahaṃkāra*)".[98]

---

[94] Dalai Lama (1991) S. 142.
[95] ebd. S. 143.
[96] ebd. S. 141.
[97] Die fünf Gruppen aller physischen und mentalen (zusammengesetzten, erschaffenen) Phänomene – im ganzen Universum und auf der Ebene eines Individuums: Form (physischer Körper), Empfindungen, Wahrnehmungen, Willensformen und Bewusstsein.
[98] Siderits (2013) S. 158 [engl. - dt. FB]. 18.1 u. 18.2 im Original [sk.]: *„ātmā skandhā yadi bhaved udayavyayabhāg bhavet | akandhebhyo'nyo yadi bhaved bhaved aksandhalakṣaṇaḥ*

Die Abwesenheit von Eigenwesen, bedeutet nicht, dass z. B. Menschen auf konventioneller Ebene nicht existieren, jedoch findet man endgültig kein Selbst, wenn man danach sucht – es sei denn man postuliert es und genau das bedeutet ‚konventionell'. Das geschieht dann zum Preis unlösbarer Widersprüche, die sich erübrigen, betrachtet man ‚Selbst', ‚Wesen' und ‚Person' als ‚bloße Benennung' bzw. als ‚bloßen Begriff'; denn Worte vermitteln eben genau diese Eigenschaft: sie überdauern eine gewisse Zeit und wandeln sich währenddessen nicht. In Wirklichkeit hängt aber alles zusammen, ist voneinander abhängig und wandelt sich ununterbrochen, es ist nur sprachlich getrennt und beständig. Worte und Namen werden jedoch mitsamt ihren spezifischen Sprachcharakteristika der Wirklichkeit übergestülpt bzw. angedichtet (engl. imputed upon sth.). In der Wirklichkeit sind diese Eigenschaften von *svabhāva* nicht zu finden, sie ist ‚leer' davon. Nāgārjunas zentrales Konzept der Leerheit kann epistemologisch oder ontologisch verstanden werden und ist vom Konzept des ‚Entstehens in Abhängigkeit' (*pratītyasamutpāda*) nicht zu trennen. Nāgārjuna erhebt *śūnyatā* in den ontologischen Status der Phänomene und schließt damit den Kreis von Epistemologie und Ontologie: das endgültig an Phänomenen Erkennbare – nicht so sein zu können, wie Sprache (und Sinne) es nahelegen – ist zugleich konstitutives Merkmal der Phänomene. Etwas Nicht-Seiendes ist das Sein der Welt, die wir kennen. Was für die ‚Person' gilt, gilt auch für Sprache allgemein und für *śūnyatā* insbesondere, da auch sie konventionelle Phänomene und daher selber leer sind.

Nāgārjunas Position ist kein Agnostizismus oder Skeptizismus, denn diese behaupten, wir könnten nichts endgültig wissen, da wir alles in Frage stellen können. Die Lehre der Leerheit hingegen besagt das Gegenteil: wir können etwas logisch korrekt und gültig erkennen, nämlich, dass Phänomene kein Eigenwesen haben und nicht unabhängig von Sprache objektiv existieren, da dies zu unauflösbaren und inakzeptablen logischen Widersprüchen führt. Diese Erkenntnis ist kein Mangel, sondern Weisheit (*prajñā*) und höchste Einsicht – die Selbstlosigkeit bzw. Leerheit von einem ewigen und unabhängigen Selbst fördert den Frieden innerer Gewissheit und das Mitgefühl mit anderen Lebewesen, da alle nur im Netz der Abhängigkeiten und Benennungen (abhängiges Entstehen) existieren und unter ihrem widersprüchlichen Glauben leiden, endgültig real zu sein.

||1|| *ātmany asati cātmīyaṃ kuta eva bhaviṣyati* | *nirmamo nirahaṃkāraḥ śamād ātmātmanīyayoḥ* ||2||".

Nāgārjuna fordert als Konsequenz seiner Einsicht nicht, es müsse ein „An-sich-sein" oder ein „*brahman*" der Person geben – es reicht, sie als Sprachphänomen, als Benennung, [ggf. als „Sprachspiel"] wahrzunehmen, dann könne man sehr viel entspannter mit sich, mit den anderen und mit der Welt umgehen – man wäre gelöster [ggf. ‚erlöst']. Sein oder nicht-sein, ontologisch oder epistemologisch – das ist hier nicht die Frage, kommentiert Candrakīrti:

PP 12: „Leerheit ist keine Eigenschaft oder universelle Spur von Entitäten [...]
sie ist eine bloße Medizin, ein Mittel, aus allen festen Überzeugungen
zu entkommen"[99].

Der Segen und die Gabe des Menschen ist seine Sprache und Sprache ist zugleich sein Gefängnis, denn er kann sich nicht (mehr) *direkt* auf die Welt beziehen, sondern nur durch den Schleier von Sprache und Begriffen. Erst wenn er diesen durchschaut, kann er ihn überwinden und - ohne Worte - *frei* sein.

Nāgārjunas Argumentation anhand der *catuṣkoṭi*

Um die Leerheit von Inhärenz oder Eigenwesen zu beweisen, benutzt Nāgārjuna die *catuṣkoṭi*, eine Logik der ‚reductio ad absurdum', in der sich einander bedingende Gegensätze auflösen, eine sophistische Dialektik der Aporien[100]. Damit rechtfertigt Nāgārjuna nicht eine eigene Position, sondern weist widersprüchliche Konsequenzen in jeder der vier möglichen dualistischen Positionen nach, als hätte er jeweils vier einzelne Gesprächspartner, die einen dieser Standpunkte innehaben. Die Einwände, Nāgārjuna dürfe die *catuṣkoṭi* als Instrument der Widerlegung nicht einsetzen, wenn sie leer sei, widerlegt er im VV 1-4 und 21-29[101].

In der indogermanischen Sprachfamilie wird in jedem Satz Subjekt, Prädikat und Objekt grammatikalisch unterschieden. Das könnte den Schluss nahelegen, dass auch in der endgültigen Analyse verschiedene real unterscheidbare Subjekte, Vorgänge und separate Dinge in der Welt wie einzelne Bestandteile interagieren (Isomorphie-These zwischen Sprache und Wirklichkeit).

---

[99] Mac Donald (2015) Candrakīrti's *Prasannapadā* (PP) 12 [engl.-dt. FB]
[100] Sturm (1996) S. 267 ff. Von Oetke (2001) S. 6 wird diese Einordnung kritisiert.
[101] Westerhoff (2010) S. 43 ff. Nāgārjunas Begegnung ist in diesem Rahmen nicht darstellbar.

Nāgārjuna weist mit seinen vier *(catur)* Aussageformen *(koṭi)* jeglichen möglichen dieser logischen und metaphysischen Standpunkte zurück[102]. So lautet gleich der erste Vers der Mūlamadhyamakakārikā[103]:

„Nirgends und niemals findet man Dinge, entstanden
- aus sich
- aus anderem
- aus sich und anderem zusammen
- ohne Grund (d. i. weder aus sich noch aus anderem)."[104]

Als logische Alternativen eines Einzelterms analysiert, ist selbst unter Ausschluss des logischen Prinzips *tertium non datur* die Widerlegung des vierten *koṭi* nicht möglich, da sie eine Konjunktion der ersten und zweiten Widerlegungen darstellt.[105] Es geht also um mehr als um formale Widerlegung einer Einzelaussage, nämlich um die Befreiung des Geistes aus sprachlichen Gegensätzen insgesamt.

Das *catuṣkoṭi* betrifft nicht nur die Begriffspaare ‚Sein' und ‚Nicht-Sein', ‚existieren' (*bhāva*) und ‚entstehen' (*utpāda*), ‚Täter' und ‚Tat', sondern auch ‚Vergangenheit' und ‚Zukunft', ‚Anfang' und ‚Ende', ‚Identität' und ‚Anderes', ‚Gegenwart' und ‚Nicht-Gegenwart', ‚Gehen' (*gamana*) und ‚das zu Begehende' (*gantavya*), ‚natürlich' und ‚unnatürlich', ‚Transzendenz' und ‚Immanenz', ‚Sehen' (*darśana*) und ‚Seher' (*draṣṭṛ*), ‚normal' und ‚übernormal', ‚Form' (*rūpa*) und ‚Ursache' (*kāraṇa*) – nichts ist begrifflich unabhängig, alles ist abhängig von anderen Begriffen. Nāgārjuna wendet das Schema des *catuṣkoṭi* nicht systematisch auf alle Begriffspaare vollständig an, sondern immer nur soviel wie nötig, um Widersprüche aufzudecken. Die Beispiele könnten beliebig erweitert und auf Problemstellungen westlicher Philosophie, der Ethik und des Lebens übertragen werden: *auch* der ‚Sohn' ist Ursache/Grund für den ‚Vater', *auch* das ‚Gute' Ursache/Grund des ‚Bösen', *auch* der ‚Tod' für das ‚Leben', *auch* der Geist Ursache und Grund der Materie usw. Aus den Widersprüchen, die sich ergeben, wenn die rein begrifflichen Gegensätze als faktische missverstanden werden, folgt, dass die gesamte phänomenale Welt in gegenseitiger Abhängigkeit von Begriffspaa-

---

[102] Robinson (1972) S. 325 ff ist (unter formal-logischem Gesichtspunkt) anderer Meinung.

[103] MMK 1.1, zitiert nach Siderits (2013) S. 18. *„na svato nāpi parato na dvābhyāṃ nāpy ahetutaḥ |*
utpannā jātu vidyante bhāvāḥ kva can ke cana ||"

[104] Weber-Brosamer (1997) S. 2.

[105] zur logischen Struktur und Problemen der *catuṣkoṭi* ausführlich bei: Sung-Ki Hong (1993); Robinson (1957); Schumann (1988).

ren entsteht und nicht auf ein unabhängiges, ewig Gutes, Ethisches, Geistiges oder Ästhetisches usw. zurückzuführen sind.

Würde das *catuṣkoṭi* als Metaposition verstanden, wäre es nach binärer Logik selbstwidersprüchlich, aber es reicht Nāgārjuna, zu zeigen, dass jede Aussage mit den Mitteln der Sprache und ihrer Logik, die endgültige Wirklichkeit zu beschreiben, scheitern muss, „weil Sprache ihre eigenen Kategorien projiziert und damit stets Wirklichkeit erzeugt (*prapañca*)[106]. Leerheit und Nāgārjunas eigene Aussagen sind davon nicht ausgenommen.

13.8: „Leerheit wird von den „Siegreichen" als Hilfsmittel gelehrt,
jegliche [metaphysische] Ansicht los zu werden.
Diejenigen aber, für welche die Leerheit eine [metaphysische] Ansicht ist,
die wurden unheilbar genannt."[107]

Da sich verschiedene Verse an verschiedene gegnerische Positionen wenden, ist es – nimmt man den Ansatz des abhängigen Entstehens ernst - nicht möglich, aus deren Zusammenziehung eine übergeordnete Position abzuleiten, aus der eine Aussage abzulesen ist, wie die endgültige Wirklichkeit konstituiert wäre.[108] Alles, was feststellbar ist, ist dass keine Position diese Wirklichkeit widerspruchsfrei beschreiben kann, da unsere (sprachliche) Gliederung der Welt bereits mit in unsere Wahrnehmung der Welt einfließt. Nach Sung-Ki Hong, der in der *catuṣkoṭi* eine Regelebene und eine Strategieebene unterschiedet, reicht es, dass jede der vier Widerlegungen für sich genommen, wie eine einzelne Spielpartie, logisch korrekt ist.[109] Das *catuṣkoṭi* erlaubt weder, die alltäglichen Dinge zu ontologisieren noch sie einfach zu negieren.[110]

Nāgārjunas Argumente sind sehr komplex und tiefgründig und betreffen nicht allein die begriffliche Ebene, sondern die phänomenale Welt. Aber für unseren Vergleich mit Wittgenstein ist Nāgārjuna so zu lesen, dass seine Argumente *auch* für die diskursive Sprache relevant sind. Indem er die Grenzen der Sprache in Bezug auf die Wirklichkeit aufzeigt, regt er zu einer Erfahrung an, die es erlaubt, eigenes Verhalten

106 von Brück (2007) S. 243.
107 Siderits (2013) S. 145 [engl. - dt. FB]. 13.8 im Original [sk.]: „śūnyatā sarvadṛṣṭīnāṃ proktā niḥsaraṇaṃ jinaiḥ / yeṣāṃ tu śūnyatādṛṣṭis tān asādhyān babhāṣire ||8||.
108 Robinson (1957) S. 293 kritisiert ausdrücklich nicht die ontologische Dimension der catuṣkoṭi.
109 Hong (1993) S. 15 und 23 f.
110 Ram Mall (2006) S. 47.

aus einer Quelle jenseits der Sprache zu steuern. Es ist umstritten, ob Nāgārjuna die Existenz der Phänomene verneint – aber mit Sicherheit verneint er die irrtümlicherweise auf die Phänomene projizierte Eigenschaft inhärent zu existieren, also unabhängig (auch von Worten), dauerhaft und unteilbar zu sein - nur das ist *śūnyatā*.

5.2 Scheinbares Eigenwesen aufgrund begrifflicher Zuschreibung (*prajñapti*)

Jedes [scheinbare] Objekt hängt auch von seiner Benennung, dem Begriff oder der ‚Idee vom Objekt' ab, also von Sprache, Gedanken und Konzepten in einem. Diese sind jedoch nur vorläufig, nicht endgültig.
Während in Indien das Verhältnis von Sprache und Wirklichkeit nur referentiell konzipiert wird und Sprache nötig ist, um die Identität von Dingen festzustellen, die bedeutet werden (Ausnahme: das Göttliche), hebt Nāgārjuna hervor, dass die Phänomene lediglich *erscheinen*, als seien Wirklichkeit und Sprache isomorph. Wenn Worte in einer konkreten Situation auf etwas Konkretes [z.B. eine Säule] verweisen, greifen sie - qua Wort - zuallererst auf die Illusion einer abstrakten, aber scheinbar real existierenden ‚allgemeingültigen Säule' zurück, auf eine irgendwie gelernte oder erworbene ‚abstrakte Vorstellung einer Säule', die getrennt und unabhängig von dem konkreten Exemplar – sozusagen als Universalie - existiert und von der hier ein Exemplar mit ganz individuellen Eigenschaften, Beziehungen, Bewegungen usw. steht. Das konkrete Etwas ist aber weder allein durch eine abstrakte Säule zu einer Säule geworden, noch aus sich heraus noch durch die Benennung, die ihr auferlegt wurde. Nichts davon kann allein eine Säule hervorrufen, so wie sie dem benennenden Geist erscheint – alle Vorgänge hängen miteinander zusammen. Auf sprachlicher Ebene erscheinen durch verschiedene Benennungen unterschiedliche und getrennte Entitäten (z.B. Geher und Gehen), die auf den konkreten Sachverhalt projiziert werden, der dadurch den Eindruck erweckt, als sei die Welt tatsächlich aus getrennten Entitäten zusammengesetzt, die zudem noch - wie die Begriffe - mit Permanenz und Unteilbarkeit versehen seien. Die beiden Ebenen nicht zu differenzieren, darin liegt das Manko der (verhüllten) Alltagssprache.
Heute ist die Unterscheidung nach de Saussure geläufiger, nach der zwar das Bezeichnende (*signifiant*) nicht [mehr] mit dem Bezeichneten (*signifié*) gleichgesetzt

wird, aber die unterschiedlichen Eigenschaften des bezeichneten Konzepts und des bezeichneten Referenten (*référent*) nur teilweise differenziert werden: jedem ist klar und verständlich, dass weder „F-eu-e-r" (*signifiant*) noch das Konzept „Feuer" (*signifié*) tatsächlich brennen (also die Eigenschaft der Referenten (*référant*) haben, aber dass der Referent nicht die scheinbaren Eigenschaften eines jeden Konzepts - nämlich Unabhängigkeit, Permanenz und Unteilbarkeit – besitzt, macht sich fast niemand bewusst. Sie werden immer [noch] unreflektiert beim Bezeichnen auf den Referenten übertragen (projiziert), als ob der Referent diese Eigenschaften tatsächlich besäße, durch Benennung erhielte oder jemals besitzen könnte. *Référent* und *signifié* unterscheiden sich aber so grundsätzlich in ihren Eigenschaften, dass diese in keiner Hinsicht übertragbar sind. Ein ‚Ich' oder Selbst zu benennen ist auf der sprachlich (konventionellen) und aus grammatikalischen Gründen zum Zwecke der Kommunikation hilfreich; die Annahme, so ein Selbst gäbe es auch endgültig, ist hingegen kontraproduktiv und Quelle vielen eigenen und fremden Leidens.

Daher ist die Differenzierung in zwei Wahrheitsebenen, wie sie sich in der Philosophie Nāgārjunas findet, hilfreich und wird als nächstes erläutert:

5.3 Konventionelle & endgültige Wahrheit: *saṁvṛti* & *paramārthasatya*

Durch das Konzept der zwei Wahrheiten (*satyadvaya*) wird eine empirische, relative und verhüllte Wirklichkeit (*saṁvṛtisatya*), die dem Geist (engl. *mind)* und den Sinnen erscheint, und die Ebene der höchsten oder endgültigen Wahrheit (*paramārthasatya*) unterschieden. Nāgārjuna erläutert diese Unterteilung als Unterschied zwischen dem nur bedingt sprachlich Ausdrückbaren und dem gültig Erkennbaren (*pramāna*), das unmittelbar erfahrbar, aber nicht beschreibbar ist.
Daraus lässt sich schließen, dass wir im Rahmen menschlicher Kommunikation aufgrund sprachlicher und kultureller Konventionen zwar weitgehend effektiv miteinander kommunizieren und dabei auch zwischen wahr und falsch unterscheiden können, dass dies aber in keinster Weise eine Aussage über die endgültige Bestehensweise erlaubt. In philosophischen Begründungen können wir uns also nicht auf solch absolute Identitäten berufen. Gäbe es einen Urgrund oder ein endgültiges Eigenwesen, müsste es auch zu finden sein, wenn man das Objekt untersucht. Das

ist jedoch nicht der Fall; die Alltagswahrheit ist also eine andere, als die endgültige Wahrheit. Das ist auch nur zu konventioneller Unterscheidung sinnvoll – unter dem Aspekt ihrer Leerheit sind beide identisch.

Der Fehler der Alltagssprache (*prajñaptyartha*) liegt also nicht darin, dass sie nicht praxistauglich wäre, sondern darin, dass sie eine endgültige Wirklichkeit nahelegt und von der Welt spricht, als sei sie mit *svabhāva* versehen. Darin ist die Alltagssprache in sich widersprüchlich und nicht korrekt, verhülltes Denken und verhülltes Sprechen verhüllt die Wirklichkeit. Daher die Unterscheidung in zwei Wahrheiten – ein alltagstaugliche Sprech- und Denkweise (*vyavahāra*) bzw. konventionelle Wahrheit (*saṁvṛtisatya*) und eine letztgültige Wahrheit (*paramārthasatya*), die mit Hilfe der Sprache nicht ausgedrückt werden kann. Aber es ist möglich, auf sie hinzuweisen – wie Nāgārjuna in seinen Mūlamadhyamakakārikā sagt:

22.11: „'Es ist leer' und ‚es ist nicht-leer' sollte man nicht sagen,
auch nicht, ‚es ist beides' noch ‚es ist keines von beiden;
lediglich zum Zwecke des Hinweisens wird so gesprochen".[111] und

24.10: „Die höchste Wahrheit kann man nicht lehren [zeigen],
ohne sich auf die gewöhnliche Art des Sprechens und Denkens zu stützen.
Ohne die endgültige Wahrheit erreicht [erfasst] zu haben,
kann *nirvāṇa* nicht erlangt werden".[112]

Nāgārjuna fügt gleich eine Warnung hinzu:

24.11: „Falsch aufgefasst stürzt Leerheit den Begriffsstutzigen ins Verderben,
wie eine verkehrt gehaltene Schlange oder falsch angewandte Magie".[113]

Zweifler, die weiterhin glauben, Dinge müssten Eigenwesen haben, um zu existieren und nur inhärenter Sinn habe Sinn, werfen Nāgārjuna vor, ‚leer' hätten seine Worte keinen Sinn und lösten jede Grundlage für Ethik, Recht und Unrecht auf (MMK 24.6). Darauf antwortet Nāgārjuna in den *Mūlamadhyamakakārikā* :

[111] Siderits (2007) S. 204: ‚*śūnyam iti na vaktavyam aśūnyam iti vā bhavet* |
ubhayaṃ nobhayaṃ ceti prajñaptyarthaṃ tu kathyate ||11||" [engl.-dt. FB].

[112] ebd. S. 273: ‚*vyavahāram anāśritya paramārtho na deśyate* |
paramārtham anāgamya nirvāṇaṃ nādhigamyate ||10||" [engl.-dt. FB].

[113] ebd. S. 274: ‚*vināśayati durdṛṣtā śūnyatā mandamedhasam* |
sarpo yathā durgṛhīto vidyā vā duṣprasādhitā ||11||" [engl.-dt. FB].

24.7: „Darauf erwidern wir: Du verstehst nicht den Zweck,
dem [das Lehren der] Leerheit dient,
noch die Leerheit selbst, noch Sinn [und Bedeutung] der Leerheit.
Deshalb bist Du frustriert".[114]

24.18 „Das Entstehen in gegenseitiger Abhängigkeit ist es,
das wir als ‚Leerheit' bezeichnen/
‚Leerheit' aber ist bloß eine abhängige Benennung (*upādāya prajñapti*);
gerade das ist der Mittlere Weg".[115]

Daraus wird ersichtlich, dass die Übersetzung ‚zwei Wahrheiten' für ‚*satyadvaya* ' nicht genau trifft, was Nāgārjuna zeigen möchte, wenn man sie als ‚zweierlei ' auffasst. Eine andere Lesart wäre ‚*satya* ' als Wirklichkeit und ‚*dvaya* ' als ‚dual ' – also *satyadvaya* als ‚duale Wirklichkeit' wiederzugeben[116], was zum Entstehen in gegenseitiger Abhängigkeit (eine weitere Übersetzung von *pratītyasamutpāda*) passt, aber auch nicht genau trifft, was ‚*satyadvaya* ' bei Nāgārjuna ist, da sie leer von *svabhāva* ist.

Es ist m.E. nur so zu deuten, dass Nāgārjuna die epistemologische, sprachliche Ebene mit der ontologischen verbindet – zwar trägt Sprache zum Schein einer inhärenten Welt bei, der in entscheidenden Punkten nicht der Wirklichkeit entspricht, aber da es eine ontologische Eigenschaft ist, dass alles in gegenseitiger Abhängigkeit entsteht, ist auch die Sprachebene wirksam und wahr – nicht nur eine verkehrte Beschreibung der anderen Ebene. Beide Ebenen sind verschieden, aber nicht getrennt, eine duale Wirklichkeit, von denen die eine Ebene sprachlich ist – mit den Gesetzen, Strukturen und Grenzen der Sprache, die andere ist leer [von Spracheigenschaften] und somit metasprachlich, aber real. Daher ist sie auch erfahrbar, aber nicht via Sprache, zu der in diesem Zusammenhang auch innerer Bilder, Gedanken und Konzepte gehören.

[114] ebd. S. 271: „*atra brūmaḥ śūnyatāyāṃ na tvaṃ vetsi prayojanam |
śūnyatāṃ śūnyatārthaṃ ca tata evaṃ vihanyase* ||7||" [engl.-dt. FB].

[115] ebd. S. 277: „*yaḥ pratītyasamutpādaḥ śūnyatāṃ tāṃ pracakṣmahe |
sā prajñaptir upādāya pratipat saiva madhyamā* ||18||" [engl.-dt. FB].

[116] So auch Sprung (1973) S. 40.

M. Sprung listet die Eigenschaften beider Wahrheitsebenen nach Nāgārjuna und Candrakīrti (600-650 n. Chr.), dem großen Kommentator Nāgārjunas, folgendermaßen auf[117]:

Saṁvṛti ist völlig verhüllt, ist Unwissenheit, ist eine ‚persönliche Welt' (*loka*), ist eine mit Dualismen von Verlangen vs. Abneigung (*kleśas*), ich vs. andere, Freund vs. Feind und mit Bewertungen von gut vs. schlecht verbundene Existenz, ist ambivalent und komplex, ist das, wo Aussagen und Behauptungen immer falsch (*moṣadharma*) und alle Argumentationen absurd (*anupapatti*) sind. *Saṁvṛti* ist die Ebene, die vorgibt von realen Entitäten zu sprechen, obwohl diese leer (*śūnya*) sind. In diesem Punkt ist sie trügerisch. Man könnte den Beschreibungen hinzufügen: *saṁvṛti* ist die bloße konzeptuelle, begriffliche Welt.

Paramārthasatya ist die Beendigung, in Kategorien von ‚ich' und ‚mein', Person, Verlangen und Abneigung zu denken und zu handeln. Es ist ein Zur-Ruhe-Kommen (*śānta*) aufgewühlter Gedanken an logisch oder kausal verbundenes Entstehen und Vergehen. Es ist von Weisen „in und durch sich selbst" erkannt (*pratyātma*), nicht-begrifflich (*niṣprapañca*) und nicht konstruiert (*nirvikalpa*), sinnvoll und frei von falschen Aussagen, nicht beweisbar oder ausdrückbar (*nopadiśyate*). Dennoch kann es gezeigt werden (*deśyate*). Die Leerheit von *saṁvṛti* – von nichts anderem, ist *nirvāṇa* und nicht real (*bhāva*) im üblichen Sinn. Es ist der Mittlere Weg und Befreiung von *saṁvṛti*.

Die Zusammenstellung zeigt, wie sehr beide ‚Bereiche' gegenseitig aufeinander verweisen, wie einer nicht ohne den anderen existiert und wie beide abhängig voneinander entstehen. Die endgültige Wirklichkeit (*paramārthasatya*) beschreibt keine eigenen Tatsachen, keine eigene getrennte Welt, sie ist lediglich eine andere „Art und Weise inmitten und mit den bloß begrifflichen Tatsachen zu sein [...sie] ist Befreiung".[118]

In dieser anderen Art zu sein, in Weisheit und Erkenntnis (*prajñā*), befreit aus den konzeptuellen Nöten von richtig oder falsch, von Gut und Böse, von Schuld, Unschuld

---

[117] Sprung (1973) S. 43 - 45 (zusammengefasst).
[118] ebd. S. 45 „a *way of being* among and with samvritic facts [...] *paramārtha is* liberation" [dt. FB].

und anderen Gegensätzen, eröffnet sich eine andere Perspektive auf Sprache, Erkenntnis und ethisches Verhalten.

5.4 Moral/Ethik (*śīla*), Weisheit (*prajñā*), Konzentration (*samādhi*): die drei Trainings (*triśikṣā*)

Der Lehre des Buddhas zufolge entspringen alle Untugenden, aller Hass, alle Gier und damit alles Leiden aus Unwissenheit. In Nāgārjunas Analyse ist Unwissenheit die Nicht-Erkenntnis der Leerheit, der Selbstlosigkeit und des abhängigen Entstehens. Erkenntnis dieser drei ist daher wichtig für eine ethische Lebensführung, aber diese ist nicht das eigentliche Ziel, sondern Erwachen bzw. *nirvāṇa*. Erkenntnis und Ethik ergänzen sich und bedingen sich gegenseitig, sind aber nicht kausal oder analytisch miteinander verbunden, deswegen ist Ethik ein eigenständiges Training. Von drei unterschiedlichen Trainings (*triśikṣā*) ist Moral/Ethik (*śīla*) nur eins. Das andere Training (*prajña*) kann mit Weisheit, Einsicht oder Erkenntnis übersetzt werden. ‚Erkenntnis' kann im Sinne tieferer Einsicht (engl. *insight*) verstanden werden, als persönliche Verwirklichung (engl. *realisation*), als Verständnis (engl. *understanding*) oder als Wissen (engl. *knowledge*); im Buddhismus aller couleur ist Erkenntnis mit dem Edlen Achtgliedrigen Pfad (*āryāṣṭāṅgamārga*) verbunden, dessen erster und zweiter Aspekt ‚rechte Erkenntnis' (*samyagdṛṣṭi)* und ‚rechte Anschauung' (*samyaksaṃkalpa)* sind. Michael von Brück gibt den ersten Aspekt - umstrittener Weise - als „*ganzheitliche* Erkenntnis"[119] wieder, womit die gegenseitige, konstitutive Abhängigkeit des Teils vom Ganzen, des Ganzen von Teilen und aller Teile untereinander ausgedrückt wird [holistisches System].[120]

Erkenntnis unterstützt zwar ethische Lebensführung indem die Relativität des abhängigen Entstehens Phänomene ins rechte Verhältnis rückt und den Eigenanteil an ihrem Entstehen evident macht, aber Demut und andere Tugenden gehen nicht analytisch aus Erkenntnis hervor, denn Erkenntnis kann auch zu verkehrtem Stolz führen. Die zwei anfänglich getrennten Trainings Moral/Ethik und Erkenntnis werden meditativ vertieft (*samādhi*) und führen in fortgeschrittenen Phasen zum Erleuchtungsgeist (*bodhicitta*), in dem Weisheit und Ethik immer zusammen auftreten. Im Verlauf der Entwicklung von

[119] Brück (2007) S. 127.
[120] Zur Definition und komplexen Struktur holistischer Systeme s. Esfeld (2002) S. 45 ff.

Altruismus und der Sicht von *śūnyatā* wird die konventionelle Illusion einer inhärenten Trennung von Handelndem, Handlung, Objekt und Ergebnis (Frucht) schließlich ganz überwunden.

Dass es sich bei Moral und Ethik um unterschiedliche Stufen und Ebenen handelt, ist klar in Nāgārjunas *Ratnāvalī* aufgezeigt:

RĀ 43: „Die Ansicht vom Nichtsein besagt kurz gefasst,
dass es keinen Lohn der Werke gibt.
Sie ist sündhaft und führt auf den bösen Weg
und wird als falsche Ansicht bezeichnet".[121]

RĀ 44: „Die Ansicht vom Sein besagt kurz gefasst,
dass es einen Lohn der Werke gibt.
Sie ist verdienstvoll und hat den guten Weg zur Folge
und wird als richtige Ansicht bezeichnet.

RĀ 45: Beim Wissen gelangt man, da Sein und Nichtsein zur Ruhe kommen,
über Sünde und Verdienst hinaus.
Und daher wird dies von den Guten
die Erlösung vom bösen *und* vom guten Weg genannt".[122]

Auf einer Ebene unterscheidet ‚Moral' konzeptuell zwischen Gut und Böse, Recht und Unrecht, Sünde und Verdienst, Schwarz und Weiß, während auf einer anderen Ebene ‚Ethik' bzw. Dharma-gemäßes Verhalten auf der Erkenntnis der Leerheit, der Selbstlosigkeit und auf nicht-dualer Weisheit beruht. Meist wird der Begriff ‚*śīla*' mit ‚Ethik' übersetzt, aus Nāgārjunas Perspektive würde jedoch unter oben dargelegter Differenzierung von Ethik und Moral (Kap. 3.3) der Begriff ‚Moral' besser passen, da *śīla* das Einhalten der Verhaltensregeln für Mönche, Nonnen und Laienanhänger bezeichnet, die im *Vinayapiṭaka* festgelegt sind. Wenn ‚Moral' das Verhalten ist, dass sich an Regeln und gesellschaftlichen Sitten orientiert, könnte auch *śīla* darunter fallen. Aber so wird es im interreligiösen Dialog nicht verwendet, sondern mit Ethik und ethischem Verhalten wiedergegeben.

---

[121] Frauwallner (1969) S. 212.
[122] Frauwallner (1969) S. 212 [*kursiv* FB].

Ethisches Verhalten beschreibt im Prinzip innengeleitetes Verhalten, das eigene Einsicht in tiefgründige Wahrheit und Erfahrung jenseits polaren Denkens ausdrückt und sich der äußeren Bewertung entzieht (Weisheit). Diesem Konzept von ‚Ethik' entspricht eher der Begriff *‚dharma'* (Lehre); denn im dharma wird die Verbindung von Weisheit, Erkenntnis der endgültigen Wirklichkeit und Verhalten hergestellt und damit ethisches Verhalten in nicht-konzeptueller Erkenntnis der Selbstlosigkeit und des abhängigen Entstehens begründet.
‚Dharma' hat jedoch im Buddhismus vielfältige kontextabhängige Bedeutungsvarianten und wurde deswegen ins Deutsche unverändert übernommen - statt in übersetzter Form: ‚Dharma' bezeichnet die Lehre Buddhas, das von ihm verkündete Daseinsgesetz, die Gesamtheit aller Phänomene, die Wirklichkeit und zahlreiche andere. Dem erklärtermaßen soteriologischen Ziel des Dharma entspricht ‚Ethik' eher als das ‚Moral'-Verständnis des *Vinaya*, aber die problematische Abgrenzung Moral/Ethik ist ein spezifisch westliches Thema, das sich aus geschichtlich bedingtem Vorbehalt gegenüber institutionalisierter Moral entwickelt hat und nicht auf die buddhistische Sicht und Weltwahrnehmung übertragen werden kann. Die Idee des Dharma ist sicherlich ethische Lebensführung – infolge institutionalisierter Regeln wird sie jedoch auf anfänglichen Stufen als moralisches Verhalten umgesetzt. Dass verschiedene Entwicklungsstufen/-ebenen ethischer Kompetenz nicht nur von Nāgārjuna gelehrt werden (Vgl. RĀ 44 und 45), kommt in der gleichförmigen Übersetzungen von *śīla* als ‚Ethik' selten klar zum Ausdruck.

Zu Weisheit (*prajñā*) gehören im frühen Buddhismus neben der Erkenntnis[123] (*samyagdṛṣṭi)* der Selbstlosigkeit der Person auch die rechte Absicht oder Anschauung (*samyaksaṃkalpa),* bei Nāgārjuna und im späteren Mahāyāna immer auch die Erkenntnis der Leerheit. Ist Selbstlosigkeit verwirklicht, werden moralische Handlungen zu ethischen Handlungen und unterstützen die Erkenntnis der Leerheit. *Bodhisattvas* streben darüber hinaus nach Erwachen, um das höchste Glück und Wohl aller auf bestmöglichste Weise zu bewirken (*bodhicitta*). So hängen Erkenntnis/Weisheit und ethisches Verhalten bei Nāgārjuna nicht nur pragmatisch, sondern auch theoretisch zusammen. Das selbstlos tätige große (nicht-dualistische) Mitgefühl

[123] *samyagdṛṣṭi* (Erkenntnis) wird in Übersetzungen manchmal alternativ zu *prajñā* verwendet.

(*mahākaruṇā*) beruht darauf, das Leid jeden fühlenden Wesens als Gefangensein in der konventionellen Ebene zu diagnostizieren und zu ihrer Befreiung beitragen zu wollen. Die multiperspektivische Logik der Standpunktlosigkeit des Nāgārjuna ist dazu ein geschicktes Mittel, das jedem ermöglichen soll, festgefahrene Denkstrukturen aufzulösen und zu überwinden. Jede Handlung im Geist von *bodhicitta* wird von der „Sicht der Leerheit" durchtränkt (gefärbt, geprägt) und im *Ratnāvalī*, der *Kostbaren Juwelenkette an den König,* werden Handlungen eines *bodhisattvas* als die sechs transzendenten *bodhisattva*-Tugenden (*pāramitā*, jenseitsgegangen) beschrieben[124]: Freizügiges Geben (*dāna*), sittliches Handeln (*śīla*); Geduld (*kṣānti*), Stärke (*viriya*); Versenkung (*dhyāna*) und [transformierende] Weisheit/Erkenntnis (*prajñā*).[125]
Im Mahāyāna werden die *pāramitā* später durch weitere vier ergänzt, die *prajñā* weiter differenzieren: geschickte Mittel (*upāya*), Wunschgebete (*praṇidhāna*), Wirksamkeit, Kraft (tib. *thabs*) und tief unterscheidendes Gewahrsein (*jñāna*)[126]; diese sind nicht dieselben *pāramitā* wie die zehn *pāramī* des Pāḷi-Kanons.[127]
Śīla variiert – wie erläutert – je nach Zielgruppe (Laien/Ordinierte), unterschiedlichen sozialen Umständen (Männer/Frauen) und Verwirklichungsgrad (*arhat* / *bodhisattva*) und beschreibt unterschiedliche Formen ‚angemessenen Handelns'. Als Bodhisattva gelangt man schließlich zu einem völlig selbstlosen Verhalten, das in einer tiefen Erfahrung des Unaussprechlichen (*anabhilāpya*), bei Nāgārjuna die unmittelbare Erfahrung der Leerheit, gründet.

5.5 Moralisches/Ethisches Handeln, Karma und *nirvāṇa*

Obwohl *nirvāṇa* das höchste Ziel im Buddhismus ist, hängt die moralische Qualität einer Handlung nicht davon ab, ob sie für das Erreichen des Ziels förderlich ist oder nicht.[128] Weisheit und Meditation (*samādhi*) sind nicht schon deswegen moralisch gut, weil sie für *nirvāṇa* förderlich sind und nicht alles, was *nirvāṇa* fördert, sollte -

---

[124] Die sechs *pāramitā* tauchen erstmals im *Lotossutra* 1. Jh. n. Chr. auf; Nāgārjuna kannte sie evtl.
[125] Die Tugenden Freigebigkeit und Geduld fallen nicht systemisch unter *śīla*, sondern stehen als gleichberechtigte *pāramitā* neben *śīla*. Das unterstützt die Annahme, dass *śīla* nicht denselben systemischen Stellenwert als Oberbegriff wie ‚Ethik' hat.
[126] http://www.berzinarchives.com/web/de/archives/study/comparison_buddhist_traditions/theravada_hinayana_mahayana/ten_far-reaching_attitudes.html Zugriff 29.6.2015.
[127] statt dhyāna enthält dieser *naiṣkāmya* (*nekkhamma*), *satya* (*sacca*), *adhiṣṭhāna* (*adhiṭṭhāna*), und zwei der *brahmāvihāras* – *maitrī* (*mettā*) und *upekṣā* (*upekkhā*).
[128] Gudmunsen (1977) S. 95.

moralisch gesehen - auch getan werden.[129] Da *nirvāṇa* eine Beendigung, ein Erlöschen ist, ist *nirvāṇa* moralisch neutral. Moralische Handlungen geschehen auf konventioneller Ebene um ihrer selbst (ihrer Moralität) willen, bestenfalls um - auf anfänglicher Stufe – das Karma zu verbessern, denn im *nirvāṇa* sind alle bloß konzeptuellen Zuschreibungen zur Ruhe, zum Frieden gekommen.
‚Karma', das sich von ‚Handlung'/'Tat' ableitet, wird als Bezeichnung des Ursache-Wirkungsprinzips im ethischen Bereich verwendet, wobei diese Übersetzung nicht das wiedergibt, was damit gemeint ist; denn Karma ist ein komplexes und vielschichtiges Phänomen. Alltagssprachlich wird ‚Karma' ebenso wie ‚Ursache' als ‚deterministische Abhängigkeit in der Zeit' verstanden, die es weder bei Aristoteles gibt, der vier Ursachen (causa materialis, formalis, efficiens und finalis) benennt, noch in der Naturwissenschaft, die mit mindestens vier verschiedenen und inkompatiblen Ursache-Wirkungsdefinitionen operiert, von denen keine der alltagssprachlichen Vorstellung entspricht.[130] Nimmt man die *ceteris paribus* Klausel hinzu und die vielfältigen philosophischen Modelle, Erklärungen und Definitionen, bleibt vom Begriff nur eine (wenig sagende) Familienähnlichkeit, während die alltagssprachlichen Kausalität nirgends auch nur ansatzweise zu finden ist.

Weber-Brosamer führt dazu aus, dass im alten Buddhismus *saṃsāra* und *nirvāṇa* kontradiktorisch definiert und somit logisch aufeinander bezogen waren. Das habe Nāgārjuna veranlasst zu zeigen, dass beide voneinander abhängig sind. Ihr Sein oder Nicht-Sein führt in allen vier Alternativen der catuṣkoṭi zu Widersprüchen und ist somit leer, was wiederum heißt, dass *saṃsāra* und *nirvāṇa* unter dem Aspekt der Leerheit identisch sind:[131]

> „Es gibt nicht die geringste Unterscheidung zwischen saṃsāra und nirvāṇa.
> Es gibt nicht die geringste Unterscheidung zwischen nirvāṇa und saṃsāra."
>
> 25.19 MMK[132]

---

[129] ebd. S. 96.
[130] Falkenburg (2012) S. 280 f.
[131] Weber-Brosamer (1997) S. 95 f.
[132] „na saṃsārasya nirvāṇāt kiṃ cid asti viśeṣaṇam /
na nirvāṇasya saṃsārat kiṃ cid asti viśeṣaṇam //19// Siderits (2013) S. 302; [engl.–dt. FB].

Nāgārjunas mittlerer Weg ist nicht entweder-oder, noch beides, noch keines, noch eine Mitte dazwischen, sondern die Überwindung des Denkens in Gegensätzen und dem Glauben an eine unabhängige Existenz, die der Sprech- und Denkweise in Polaritäten entspricht. Nach Nāgārjuna führt der Pol des Substanzglaubens (Eternalismus) ethisch/moralisch in letzter Konsequenz zu subtilem Greifen, Verlangen, Anhaften, Gier und weiteren Untugenden; der Pol des Nicht-Sein-Glaubens (Nihilismus) führt nach Nāgārjuna zu Angst, Abneigung, Zorn und ebenfalls weiteren Untugenden. Entwickelt man die Einsicht in die endgültige Bestehensweise der Phänomene – frei von Sein und Nicht-Sein, von Anhaftung und Abneigung – können sich hingegen Gelassenheit, Weisheit und alle Tugenden mit der ‚rechten Sicht' entwickeln und ethisches Verhalten eines *bodhisattva* ermöglichen.
Das höchste Ziel der Ethik besteht also darin, die in einem konzeptfreien Raum gewonnene Erkenntnis in leeres Handeln eines leeren Handelnden und leeren Handlungsobjekten umzusetzen, die den fühlenden Wesen entsprechend der Vollkommenheiten (*paramitas*) dienen und helfen, sie beglücken und sie letztlich dazu bringen, selber diesen konzeptfreien Raum des Lebens zu erfahren, in dem das Denken nicht mehr aufgewühlt zwischen dem einen und anderen Pol wie getrieben hin und her schwankt, sondern zur Ruhe kommt. In diesem Zustand ist Glück immer bereits vorhanden, ohne irgendetwas Besonderes zu brauchen. Mit diesem Ziel werden Nāgārjunas Schriften bis heute gelesen und seinen Ratschlägen gefolgt; Karl Jaspers nennt Nāgārjuna zu Recht einen der großen „Denker aus dem Urgrund".[133]

5.6 Zusammenfassung und Kommentar zur *Philosophie Nāgārjunas*

In Bezug auf Sprache enthält Nāgārjunas Lehre „eine Kritik der Alltagssprache ohne ihre Wichtigkeit und Richtigkeit für das praktisch-pragmatische Leben [*vyāvahārika*] in Frage zu stellen, [...da die Sprache] in der Regel allgemeine Prädikate kennt und daher nicht in der Lage ist, die eigentliche individuelle Natur der genuin realen Dinge ausdrücken zu können".[134] Mit der Leere aller Objekte (*sarvapadārthaśūnyatā*) argumentiert Nāgārjuna gegen einen Realismus und einem Eigenwesen auf der ontologischen Ebene und sieht „den konzeptuellen und kategorialen Rahmen als

[133] Jaspers (1957) S. 63.
[134] Mall (2006) S. 46.

bloße Vorstellungsprodukte (*kalpana*)"[135] an. Stattdessen kann Existenz aus dem gegenseitig abhängigen Entstehen völlig ausreichend erklärt werden – aber nicht im Rahmen der zwei-wertigen Logik und der Sprache in Kategorien von „sein" (*sat*), „nicht-sein" (*asat*), deren Konjunktion oder Disjunktion.

Nāgārjuna unterscheidet jedoch nicht klar zwischen ontologischer und sprachlicher Ebene - löst sich etwas sprachlich auf, löst es sich im gleichen Zug ontologisch auf. Interpretierte man die Lehre von *śūnyatā* als rein epistemologische Aussage, scheint die Ontologie unberührt zu bleiben. Das ist jedoch zu kurz gegriffen und entspricht weder Zielrichtung (Extension) noch Intension Nāgārjunas (MMK Kap. 20). Insofern Ontologie selbst nur eine sprachliche Kategorie ist, deren Unangemessenheit Nāgārjuna nachweist (MMK 15.4 ff), hat *śūnyatā* natürlich Auswirkungen auch auf ontologischer Ebene, aber der *lógos* als letztes Kriterium und Fundament i.S. eines Primats ist darin aufgelöst.

Ethische Prinzipien lassen sich nicht analytisch aus der Leerheit ableiten, sondern nur plausibel erklären. Ethisches Verhalten und Charakter müssen eigenständig kultiviert werden, bis sie zu einem natürlichen Verhalten eines *bodhisattvas* werden. *Śīla* wird als angemessenes Verhalten definiert, das anfänglich an äußeren Maßstäben und Regeln auszurichten ist (religiöse Moral), sich im Mahāyāna aber zu allumfassendem Mitgefühl und nicht-dualer Weisheit weiter entwickelt.

Nāgārjuna versucht den Schleier, den die Sprache vor die Wirklichkeit zieht, wieder aufzulösen, indem er die absurden Konsequenzen aufzeigt, die sich ergeben würden, wären Welt und Leben ‚tatsächlich' wie unsere Sprache konstituiert.
Nur wenn man diesen Irrtum, diese Illusion durchschaut und jeden Moment präsent erlebt, kann das trennende, illusionäre und zu unnötigem Leid führende Element der Unwissenheit überwunden werden. Aus dieser Quelle und Grundlage kann sich dann nonduales, weises und ethisches Verhalten entwickeln.

---

[135] ebd.

6. Vergleich der Philosophie Wittgensteins und Nāgārjunas

6.1 Grundlegende Divergenzen

Prima vista spricht nichts für Gemeinsamkeit zwischen Nāgārjuna und Wittgenstein – alle wesentlichen Aussagen weichen voneinander ab: weder kommen bei Nāgārjuna die Begriffe Sprachspiel, Bedeutung, Familienähnlichkeit oder Regelfolgen vor, noch benutzt Wittgenstein die Worte dharma, śūnyatā, nirvāṇa, anātman und pratītyasamutpāda oder deren gebräuchliche Übersetzungen in okzidentale Sprachen. Weder ähneln sich ihre Worte auf der Bedeutungsebene noch sind die einzelnen Argumente oder ihre Philosophien als ganzes ähnlich.

Dass die Anliegen ihrer Philosophien divergieren, kann man ihrer Zuordnung zu den unterschiedlichen Kategorien Soteriologie und Sprachphilosophie entnehmen. Aus paradoxen Aussagen lässt sich in zweiwertiger Logik alles ableiten und sie eignen sich für beliebig viele Interpretationen.

Auch die Unterscheidung in relative und endgültige Wahrheit(*satyadvaya*), die für Nāgārjunas Philosophie grundlegend ist, findet sich nicht (expressis verbis) bei Wittgenstein, ist aber der Schlüssel zum Verständnis der Leerheit.

Wendet man Wittgensteins Ähnlichkeitsbegriff oder die Formel, „die Bedeutung eines Wortes ist sein Gebrauch in der Sprache" (PU 43) als Maßstab an, vertieft dies paradoxer Weise zunächst die Unterschiedlichkeit ihrer Aussagen, da ihre verschiedenen Begriffe sich auch noch auf sehr verschiedene Kontexte beziehen und völlig anders „gebraucht" werden:

Kalansuriya beispielsweise schließt aus seiner Untersuchung des „Gebrauchs" von buddhistischen Begriffen des Pali-Kanons, dass zentrale buddhistische Begriffe nicht aus ihrem historisch traditionellen Sprachgebrauch und Zusammenhang herausgelöst und isoliert werden können, ohne ihren Sinn zu entstellen[136].

An den vielfältigen Übersetzungsmöglichkeiten zentraler buddhistischer Begriffe zeigt Kalansuriya stark abweichende philosophische Implikationen: ‚*dharma*' [dt. ~ Lehre, Wirklichkeit, Gesetz, Sitte, Ethik, Pflicht], ‚*paticcasamuppada*' [pali, dt. ~ abhängiges Entstehen, Kausalität, Ursache, Bedingtheit, Grund], ‚*ehipassika*' [pali, dt. ~Überprüfung, Verifizierbarkeit; ‚komme und sieh'] u.a. – kein westlicher Begriff

[136] Kalansuriya (1987) Kap. 2

umfasst das Spektrum dieser Bedeutungen und ihrer Anwendungen. Die Schwierigkeit in umgekehrter Richtung zu übersetzen zeigt beispielhaft der Begriff des ‚Wissens' mit zahlreichen Übersetzungsmöglichkeiten in Pali und in Sanskrit, wobei kein Pali/Sanskrit-Begriff der klassischen Definition der westlichen Philosophiegeschichte (‚Wissen' als begründete Überzeugung in Einklang mit der Wirklichkeit) entspricht. Durch Abweichung im Wissensbegriff wird auch die ‚Allwissenheit des Buddha' im Westen missverstanden.[137]

Die Bedeutung der Worte unterscheide sich im Dharma-Kontext von ihrem Alltagsgebrauch, da man sich im ersten Fall der Leerheit und des abhängigen Entstehens bewusst sei, in letzterem nicht. Empirisches und überprüfbares Wissen bedeutet im Dharma keinesfalls, dass der epistemologische Stellenwert innerer Erfahrungen diskutiert oder in Frage gestellt wird. Nach Kalansuriya sind westliche philosophische Strömungen seit der Aufklärung mit Buddhas Lehren, trotz des Hinweises auf eigene Überprüfung *(ehipassika),* nicht zu vergleichen, denn sie betreffen eine andere ‚Wirklichkeitsebene' [der Überprüfung]. Wie man beim Hasen-Enten-Kopf von zwei unterschiedlichen Wahrnehmungen sprechen kann, so bedeutet auch jedes Wort etwas anderes, je nachdem ob es konventionell im Glauben an inhärentes Sein benutzt wird oder in der Erkenntnis seiner Leerheit.

Wenn bei Wittgenstein schon das ‚Zusammengesetztsein' eines Baumes aus Blättern, Ästen, Stamm und Wurzeln etwas ganz anderes bedeutet als das ‚Zusammengesetztsein' eines Autos aus Rädern, Karosserie und Motor – wie unüberbrückbar missverständlich sind dann Sätze verschiedener Sprachen, Kulturen und Jahrtausende - wenn man es genau nimmt. Nāgārjuna zeigt, dass schon ein einfacher Satz, wie „Der Geher geht" – wenn man es genau nimmt - (letztendlich) sinnlos ist; wie sollen da zwei ganze Philosophien vergleichbar sein. Wie sollen zwei Philosophen vergleichbar sein, die jeder Leser anders verstehen kann?

Wittgenstein zieht niemals das Entstehen in gegenseitiger Abhängigkeit als gemeinsames Fundamentalprinzip der Epistemologie und Ontologie in Betracht noch Nāgārjunas fundamentales Ziel, die Erlösung im *nirvāṇa* zu erreichen – einem *nirvāṇa,* das es nach Nāgārjuna weder gibt, noch nicht gibt, noch beides noch keines von beiden.

Wenn Nāgārjuna keinen Standpunkt hat – womit sollte Wittgenstein verglichen werden und was ist Wittgensteins Standpunkt?

---

[137] Kalansuriya (1987) Kap. 8

Wenn Nāgārjunas Lehre leer ist - womit sollte Wittgensteins Philosophie verglichen werden und was ist Wittgensteins Lehre?
Die Liste der Unterschiede und Divergenzen lässt sich endlos fortsetzen[138].
Nāgārjunas und Wittgensteins Grundlagen (Voraussetzungen) und ihre Zielrichtung, Schlussfolgerung und Argumentation sind gegensätzlich (Sein vs. Leerheit) und ebenso unterscheidet sich ihr Ausweg aus dem Dilemma der Sprache ... wenn überhaupt ein „Ausweg" vorliegt.
Das Nicht-Aussprechbare als Ausweg kann bei Nāgārjuna durch meditative, non-verbale Erkenntnis als subjektive Erfahrung erlangt werden. Der philosophischen Analyse aus externer Perspektive entgeht diese Dimension. Die Beschäftigung mit dem völlig andersartigen buddhistischen Ansatz kann lediglich dazu führen, sich der Relativität des eigenen Ansatzes bewusst zu werden und mit erweitertem Verständnis neue Präzisierungen vorzunehmen.
Der späte Wittgenstein lässt keinen Ausweg aus dem sprachlichen Dilemma erkennen. Für die Fliege im Fliegenglas gibt es keine Verbindung zur Welt draußen – nur von draußen, wenn man das Ganze sieht, scheint der Weg offensichtlich.
Nimmt man Wittgenstein beim Wort und Nāgārjuna ganz genau – ist das Ergebnis ernüchternd: die Unterschiede beider Philosophien, in ihrem eigenen Zustand belassen, sind zu gravierend, um sie zu überbrücken.

6.2 Konvergente Teil-Aussagen

Es gibt einige Versuche, einzelne Aspekte der Philosophie Wittgensteins mit einzelnen buddhistischen Philosophen oder Praxisrichtungen auf interpretierender Ebene unter Außerachtlassung der grundlegend verschiedenen Ausrichtung und Kontexte ihrer Philosophien zu vergleichen[139], aber diese Untersuchungen beschränken sich auf methodische sowie sprach- und erkenntnisphilosophische Vergleiche und beziehen die Ergebnisse nicht auf ethische Themen, die weder bei Wittgenstein noch bei Nāgārjuna im Mittelpunkt stehen.
Da sich in den jeweils eigenen Worten und Argumenten Wittgensteins und Nāgārjunas keine Überschneidungen, Ähnlichkeiten oder begriffliche Zuneigung (lat.

[138] Gudmunsen (1977) S. 111.
[139] z.B. Canfield (1975), Gudmunsen (1977), Schlieter (2000), Schneider (2008) [u.a.].

convergere) findet, müssen ihre Aussagen in Hinblick auf mögliche Gemeinsamkeiten eigens interpretiert und in eigenen Worten wiedergegeben werden. Ein Vergleich kann sich nur auf die Implikationen der beiden Philosophien beziehen: z.B. untersucht Nāgārjuna die Wirklichkeit und stellt fest, dass sie leer von Eigenwesen ist, dass sie abhängig entsteht und dass Sprache demnach ein konstitutiver (aber selbst abhängiger) Faktor der Wirklichkeit ist - das impliziert im Ergebnis die Möglichkeit, den Blick statt auf die Wirklichkeit auf die Sprache zu lenken - wie Wittgenstein es tut – und im Rahmen der Sprache festzustellen, welche Eigenschaften der Sprache wirklichkeitskonstitutive Merkmale sind. Obwohl der Blick beider Philosophien in verschiedene Richtung geht, wird im Folgenden anhand einiger Thesen untersucht, ob es Implikationen gibt, die beide Philosophen als Konsequenz ihrer Philosophie akzeptieren müssten.

These 1: Welt und Sprache hängen (gegenseitig) voneinander ab

Nach Wittgenstein haben sich Welt und Sprache aus kontingenten Urformen der Sprachspiele entwickelt, in denen einfache Laute mit primitiven Situationen und Tätigkeiten verwoben waren. Welt und Wort haben sich dann in Bezug aufeinander als sozialer Mechanismus weiterentwickelt – sie bleiben in Sprachspielen miteinander verbunden und mit Tätigkeiten und anderen Sprechspielenden verwoben. Dies bedeutet nicht, dass es vor der Sprache keine Welt gegeben habe, aber einmal verbunden können Sprache und (Lebens-)Welt nicht wieder auseinander dividiert werden. Weder bestimmt Sprache allein, wie die Welt ist, noch bestimmt die Welt allein, wie die Sprache ist - sie sind nicht isomorph und nicht unabhängig voneinander. Einerseits hängen Leben und Wirklichkeit - zumindest wie sie wahrgenommen werden - von Worten, Grammatik und Sprache ab. Andererseits hängen Worte und Sprache vom Feedback durch die Welt und der Sprech- und Lebensgemeinschaft ab. Beide Abhängigkeiten bedingen sich also gegenseitig und sind Teil eines weiteren Netzes von Bezügen und Abhängigkeiten. Die Aussage Wittgensteins, dass Sprache das Ursprüngliche ist und man sie nicht weiter hinterfragen kann, darf nicht isoliert gelesen und als die ‚ontologische Ursache der Welt '[140] interpretiert werden. Da Wittgenstein beschreibt, wie Welt und Sprache sich ineinander verflochten entwi-

[140] so aber Wachtendorf (2000) S. 158 f.

keln, kann keiner der beiden das absolute Primat in dem Sinne zukommen, dass sie zuerst und fertig da war, bevor die andere hinzukam. Obwohl beide ineinander verwoben entstehen, sich prägen und wandeln, liegt der Betrachtungsfokus bei Wittgenstein auf der Sprache: die Tatsache, *dass* die Welt als Ansammlung von ‚Dingen' wahrgenommen wird, ist der Sprache und ihrer Grammatik geschuldet, denn die Sprache legt nahe, selbst verschiedenste ‚Dinge' wie Schmerzen, Träume und Möbel gleichermaßen als ‚Dinge' zu bezeichnen. Wittgenstein legt nahe, dass die Welt nicht sprach-isomorph sein kann.

Nāgārjuna müsste dieser These auch zustimmen, da sie ein Sonderfall seiner allgemeinen - ontologischen - Auffassung ist, das alles ohne Ausnahme in Abhängigkeit entsteht, sozusagen in einem Netz gegenseitiger Abhängigkeiten, von denen die Sprache nur ein besonders wichtiger Faktor ist.

Da wir jedoch aufgrund unserer sprachbedingten Projektionen auf die Welt handeln, interagieren, irren und leiden, wird auch die Realität teilweise von der Sprache geprägt. Auch hier haben wir ein abhängiges Verhältnis in beiden Richtungen, Nāgārjuna nennt es explizit das Entstehen in ‚gegenseitiger Abhängigkeit'.

Bestätigen und unterstützen lässt sich diese Feststellung anhand sprachvergleichender Arbeiten, die zeigen, wie verschieden die Welten verschiedener Sprachen, Grammatik und Vokabular erscheinen und unter ihrem Einfluss andere Philosophien, Selbstverständnisse und Lebenswelten nahelegen[141].

These 2: Worte bezeichnen weder reale ‚Dinge' (Anti-Realismus) noch ein absolutes Wesen (Anti-Idealismus)

Einzelne Worte und Sätze bezeichnen nach Wittgenstein keine ursprünglich per se isolierten und präexistenten ‚Einzeldinge' einer sprachunabhängigen Welt (Anti-Realismus), denn Worte sind keine vom Leben und pragmatischen Situationen isolierte oder isolierbare Phänomene, die davon getrennt eine allgemeingültige Bedeutung haben. ‚Die Bedeutung eines Wortes ist sein Gebrauch' deutet auf Verbundenheit mit dem Leben, auf Wandelbarkeit und Unbeständigkeit hin, aber ist schwieriger semantisch zu greifen als lexikalische Begriffsdefinitionen. Was ein

[141] Whorf (1963), Bin (1995), Elberfeld (2004) und (2012) u.a.

‚Etwas' im Einzelfall ist, hängt außer vom bezeichnenden Wort vor allem von der Situation ab. Heute wird diese These nicht nur durch sprachvergleichende Studien gestützt, sondern auch von anderen Sprachwissenschaften, wie Sprechaktforschung, Mimetik, Rhetorik und Gehirnforschung.
Andererseits hat Wittgenstein auch das Anliegen, Sprache nicht metaphysisch zu verklären (Anti-Idealismus) und wie Augustinus ein vorsprachlich erfassbares dauerhaftes Wesen der Phänomene zu deklarieren. Sein ursprüngliches Anliegen einer Primärsprache bezog sich darauf, Sprache von metaphysischen Begriffen und Annahmen zu befreien. Auch die Gebrauchstheorie seiner späten Philosophie steht in Verbindung zu konkreten Situationen und nicht zu metaphysischen Spekulationen.

Auch Nāgārjuna argumentiert, dass Worte weder auf tatsächliche ‚Dinge' (Anti-Realismus) noch auf eigenständige Substanzen außerhalb der Sprache (Anti-Idealismus) verweisen. Sein Fokus liegt darauf, ein autonomes Eigenwesen zu widerlegen, das von anderen Eigenwesen und von der Sprache/Benennung getrennt wäre. Diese Feststellung relativiert die Bedeutung der Worte, indem verschiedene Aspekte der Bedeutung je nach Bezugsrahmen unterschieden werden. Nāgārjuna negiert nicht, dass es eine Grundlage für die Sprache gibt oder geben kann und auf konventioneller Ebene Worte angewendet werden, um zu kommunizieren und zu interagieren. Aber zugleich werden dadurch abhängig entstandene Eigenschaften der begrifflichen Sprache und ihrer grammatischen Strukturen auf die Welt projiziert. Nur so funktioniert Sprache, die Wirklichkeit aber ist leer (*śūnya*) von diesen Elaborationen – sie ist weder real in der Hinsicht, wie Sprache sie ausdrückt noch mit einem (unlogischen) ‚Eigenwesen' behaftet, dass wir erst erfassen und dann ausdrücken.

Beide Autoren müssten dieser Thesen zustimmen, denn Sprache trennt in Subjekt, Verb und Objekt und fordert diese für fast jeden sinnvollen Satz, ob eine Trennung unabhängig von der Sprache vorhanden ist oder nicht. Sprache verleiht Bedeutungen und Kategorien Dauer, obwohl das Leben in ständigem Fluss ist (Wittgenstein). *Svabhāva* aber schließt Fluss und lebendige Entwicklung aus.
Schließlich entsteht und besteht jeder Begriff nur aufgrund vom Gegensatz zwischen Sein und Nicht-Sein (z.B. Stuhl vs. Nicht-Stuhl) oder von Polaritäten (hell vs. dunkel). Da die Worte jedoch isoliert voneinander eigene Bedeutung oder Eigenwesen zu

haben scheinen, wird der sie strukturell ergänzende und mit konstituierende Teil jeweils ausgeblendet – was, nach Nāgārjuna ebenfalls zu einem leidhaften Leben in Diskrepanz zur Wirklichkeit führt, denn *das* Helle und *das* Gute (an sich) kann es nicht geben.

Nun könnte man die Diskrepanz von Sprache zur Wirklichkeit in Frage stellen und argumentieren: wenn einige Menschen sogar auf dem Mond waren, muss die Welt dann nicht so sein, wie wir sie uns denken und wie wir sie beschreiben? Aber Wittgenstein und Nāgārjuna stellen beide nicht die (relative) Funktionstüchtigkeit der Alltags- bzw. konventionellen Sprache in Frage, sondern widerlegen auf ihre jeweils eigene Art die Schlussfolgerung daraus, dass die Welt deswegen auch auf einer philosophischen oder endgültigen Ebene wie die Sprache sei – z.B. dass es ein unabhängiges, beständiges und unteilbares ‚Ich' geben könnte. Zum Mond fliegen kann man ebenso gut mit einem abhängig bestehendem ‚ich'.

These 3: Sprache ist nach Funktionen und ‚Ebenen' zu unterscheiden

Sowohl bei Wittgenstein als auch bei Nāgārjuna lassen sich zwei verschiedene Ebenen oder Aspekte der Sprache unterscheiden und konsequenter Weise müssten beide auch dieser dritten These zustimmen, selbst wenn die Unterscheidung nicht etwas aus sich heraus Feststehendes ist, sondern vom Gebrauch dieser Ebenen-Beschreibung abhängt. Zusätzlich lassen sich in jeder Ebene andeutungsweise zwei Funktionen der Sprache unterscheiden:

1. Die deutlichste Ähnlichkeit besteht zwischen der natürlichen Alltagssprache bei Wittgenstein und der konventionellen *(samvṛtita)* Ebene der Sprache bei Nāgārjuna. Beide bezeichnen damit die diskursive Sprache, die konventionell in der weltlichen Kommunikation gebraucht wird, die sich selber nicht reflektiert und ihren bezeichneten Gegenstand als „Seiendes" konstruiert bzw. reifiziert und damit zu Fehlwahrnehmungen der Welt einlädt. Bei Nāgārjuna ist Sprache primär der verbale Aspekt, der in ein Netz von Bedeutungszusammenhängen eingebettet ist, die abhängig von Konventionen entstanden sind, und als ‚verhüllte Wahrheit' (*saṃvṛtisatya*) bezeichnet wird; bei Wittgenstein ist die Sprache darüber hinaus in den Sprachspielen untrenn-

bar mit Tätigkeiten und non-verbalen Situationen verbunden, die sehr variable kommunikative und performative Funktionen erfüllen.

2. Davon ist die höchste Wahrheit (*paramārthasatya*) zu unterscheiden, die bei Nāgārjuna die Leerheit, die Abwesenheit von mentalen Produktionen ist: das Nicht-Aussprechbare, aber erfahrbare, vollständige ‚Zur-Ruhe-Kommen' sprachlicher Entfaltung im *nirvāṇa*. Die zwei Wahrheitsebenen (*satyadvaya*) führen keinen ontologischen Dualismus ein, da Nāgārjuna ihr Verhältnis als gegenseitig abhängig entstanden beschreibt und *śūnyatā* kein Seiendes ist.

Auch Wittgenstein strebt diese Beruhigung von Worten und dem Tumult der Gedanken an:

> „In diesem Kessel bleiben wir in einem Wirbel von Gedanken verzaubert stecken [...] Was ich nicht denken darf, kann die Sprache nicht ausdrücken. Das ist unsere Beruhigung" (MS 107 S. 1f).

Beim frühen Wittgenstein entsprechen dieser Ebene das Höhere, das Gute (Ethische), das Schöne (Ästhetische) und andere absolute Werte sowie das Subjekt bzw. die Person außerhalb der Welt, die Ebene des Unaussprechlichen, über die man schweigen muss (T 7). In den *Philosophischen Untersuchungen* ist es die andere Perspektive auf die Sprache. Statt über die Welt zu reden, reden wir über das ‚Reden über die Welt'. Ob etwas existiert oder nicht, entscheidet nicht die Welt, sondern ‚dass es existiert oder nicht existiert', entscheidet sich in der Sprache, denn (nur) durch Sprache kommt es zur Alternative ‚entweder existieren oder nicht existieren'. Dies zu erkennen, ist der Wechsel in eine Meta-Ebene, wie das Erkennen von *śūnyatā* ebenfalls einen Wechsel in eine Meta-Ebene darstellt: erkennt man die Leerheit, erkennt man die Dinge, wie sie sind – leer von *svabhāva*, von Unabhängigkeit, Beständigkeit und Unteilbarkeit, leer von den Eigenschaften der begrifflichen Sprache. ‚*Meta*' (gr. μετά) ist hier weder im zeitlichen Sinne von ‚danach, später', noch räumlich ‚dahinter, darüber, jenseits, inmitten von', sondern im Sinne vom Wechsel der Abstraktionsebene als ‚Betrachtung der Möglichkeiten und Bedingungen' zu verstehen. Diese sind bei Nāgārjuna und Wittgenstein sprachlicher Natur.

Auf dieser Ebene bedingen sich Gegensätze wechselseitig und stehen nicht für sich selbst. Daraus ergibt sich eine Auflösung des Widerstreits. So preist Nāgārjuna die großen Wesen, die mit niemandem streiten:

YS 50: „Für diese großen Wesen gibt es keine Position, keinen Streit.
Für die, die keine Position haben –
Wie könnte es eine gegensätzliche Position geben?"

VV 29: „Hätte ich eine These, würde der [zuvor erwähnte] Fehler auf mich zutreffen. Aber ich habe keine These, somit betrifft der Fehler mich nicht".[142]

Die Vorstellung von Streitfreiheit jenseits möglichen Widerspruchs gibt es auch bei Wittgenstein:

PU 128: „Wollte man *Thesen* in der Philosophie aufstellen,
es könnte nie über sie zur Diskussion kommen,
weil Alle mit ihnen einverstanden wären."

Es ist ein Unterschied, ob endlos viele Perspektiven addiert werden, um einem seienden Wesen auf die Spur zu kommen oder ob das aufgewühlte Sprachdenken zur Ruhe kommt, indem Perspektivität und Verbundenheit auf śunya (Null) zurückgeführt wird. Dazu darf man keinen eigenen Standpunkt annehmen. Das hat Nāgārjuna nicht getan und auch Wittgenstein hat bis zuletzt nicht aufgehört, sich und die Welt immer neu zu (be-)fragen und nichts endgültig festzulegen.

Aufgrund der Beziehung dieser beiden Ebenen zueinander ergeben sich bei beiden Autoren zwei weitere Funktionen der Sprache (im erweiterten Sinn), die nicht eigens benannt werden, sondern mit der Metapher der Leiter beschrieben werden, als handle es sich um eigene Stufen, obwohl es lediglich die beiden spezifischen Funktionen des Verweisens von einer auf die andere Ebene und des Zeugnis-Ablegens von einer auf der anderen Ebene sind - also einerseits (3.) das Aufzeigen (*deśyate*) der metasprachlichen Realität (i.S. von *śūnyatā*) mit den Mitteln konventioneller Sprache (*prajñaptyartha*) und andererseits (4.) das Aufzeigen und Sich-Zeigen der endgülti-

---

[142] sk: *„yadi kācana prtijñā syān me tata eṣa me bhaved doṣaḥ / nāsti ca mama pratijñā tasmān naivāsti me doṣaḥ //"* nach Schlieter (2000) S. 300.

gen Realität inmitten des Relativen, indem alles - auch die Sprache - belassen wird, „wie es ist" (PU 124).

3. Mit den Mitteln diskursiver Sprache kann auf der konventionellen Ebene die letztendliche Wirklichkeit (*paramārthasatya*) nicht ausgesprochen, sondern lediglich gezeigt (*deśyate*) werden. Metasprachliche, philosophische, religiöse oder ethische Fragen sowie die Suche nach dem Wesen der Worte und deren ‚eigentliche' Bedeutung stellen eine besondere Funktion der konventionellen Sprache dar - insoweit sprachlich auf die letzte Wahrheit - eine andere Ebene - verwiesen wird. Das „virulente Paradox, [wie eine] Wahrheit jenseits des diskursiv Vermittelbaren"[143] diskursiv mitgeteilt und gelehrt werden kann, wird durch die zwei Wahrheitsebenen (*satyadvaya*) von vorneherein vermieden [oder verschoben]. Das, was nur gezeigt (*deśyate*) werden kann, ist *śūnyatā*, etwas Nicht-Seiendes: Phänomene sind leer davon, so zu sein, wie sie erscheinen. Auf diese hinweisende Anwendung (*vyavahāra*) der konventionellen Sprache kann nicht verzichtet werden, möchte man zur höchsten Wahrheit gelangen (MMK 24.10). Spätere Mādhyamikas, wie Bhavya und Tsong Khapa im Übungsweg (*bhavanā*) des *lam rim* (Stufenweg) verwenden dafür die Metapher der Leiter[144], die auch Wittgenstein ausführt:

> „Meine Sätze erläutern dadurch, dass sie [die Sätze] der, welcher mich versteht, am Ende [...(...] sozusagen die Leiter wegwerfen [muss], nachdem er auf ihr hinaufgestiegen ist). Er muss diese Sätze überwinden, dann sieht er die Welt richtig "(T 6.54).

Wittgenstein möchte die *„Anschauungsweise"* [seiner] Schüler ändern (PU 144).
Auf dieser Ebene, argumentiert Wittgenstein später, muss die Grammatik verworfen werden, denn sie will sich [als immer gleich] aufdrängen, obwohl Sprache nicht immer dem gleichen Zweck dient (PU 304). Vorstellungen von Vorgängen und Dingen stellen sich vor die Wirklichkeit und verhindern, „die Verwendung des Wortes zu sehen, wie sie ist" (PU 305). Es gilt, die „grammatische Fiktion" (PU 307) zu durchschauen, dass die Phänomene so seien, wie sie aus dem Gefängnis der Grammatik betrachtet, zu sein scheinen, um schließlich „der Fliege den Ausweg aus dem Fliegenglas [zu] zeigen "(PU 309). Wenn die Funktion der Sprache nicht gerade darin

[143] Schlieter (2000) S. 240.
[144] Padya zit. nach Lindtner (1986) S. 341: „Surely, without the stair-case of the true relative [reality] a sage cannot ascend to the heights fo the palace of true reality".

besteht, den Alltag sprachlich zu meistern, kann es nur darum gehen, den Ausweg zu *zeigen*, indem eine andere Sicht auf Worte und Sprache aufgezeigt wird. Philosophie, die lediglich die Logik der diskursiven Alltagssprache auf die letztendliche Ebene überträgt, bezieht sich auf gar nichts – dort ‚feiert' die Sprache und wird dem Umstand und den Anforderungen verschiedener Ebenen nicht gerecht.

4. Hat man das Nicht-Versprachlichbare realisiert, indem Projektion und Proliferation dualistischer Konzepte (*prapañca*) zur Ruhe gekommen sind, wird diese Ruhe und Weite nicht nur in jeder sprachlichen Äußerung gelebt, erkannt und manifestiert, sondern auch in der Selbstwahrnehmung und in jedem äußeren ‚Ding' erfahren. Phänomene werden zwar weiterhin konventionell unterschieden und benannt, aber der Vorgang des Benennens wird zugleich durchschaut, sodass kein Phänomen mehr mit einem Begriff identifiziert und über die Zeit hinweg als dauerhaft und dinghaft konstituiert und angesehen wird. Das geschieht inmitten der Nutzung der konventionellen Sprache.

Dann gilt: „man kann es sagen und doch nicht sagen" (PU 622). An Engelmann schreibt Wittgenstein am 9.4.1917:

> „Wenn man sich nicht bemüht das Unaussprechliche auszusprechen, so geht *nichts* verloren. Sondern das Unaussprechliche ist, - unaussprechlich – in dem Ausgesprochenen enthalten" [145]
> und im *Tractatus*:
> „Dies *zeigt* sich, es ist das Mystische" (T 6.522).

Nāgārjuna sagt, ‚*nirvāṇa* und *saṃsāra* sind eins', ‚wer *śūnyatā* erkennt, sieht *pratītyasamutpāda*' - und ‚Leerheit ist abhängiges Entstehen'. Reifiziert und versprachlicht man diese Erfahrungsebene jedoch, gibt es keine Medizin.

Die beiden Ebenen der Sprache – ihr konventioneller Gehalt und ihre Leerheit von darüber hinausgehendem Sein-Gehalt – sind untrennbar miteinander verbunden, denn auch Leerheit ist leer davon, unabhängig von etwas Vorhandenem leer zu sein. Auch die vier Gebrauchsweisen der Sprache sind nur im Verhältnis zueinander und

[145] zit. nach Schlieter (2000) S. 92 aus: L. Wittgenstein, Briefe. Dt. v. J. Schulte. Frankfurt/M. 1980, S. 78.

nur begrifflich zu differenzieren, sie sind natürlich „wie sie sind" und keine ontologischen Verschiedenheiten[146].

Die gegenseitige Bezogenheit von Sprache und Wirklichkeit ist bei beiden Philosophen der Schlüssel, eine neue Perspektive auf das Leben einzunehmen – und davon ist die ethische Perspektive abhängig, weil sie in direktem Bezug zu den verschiedenen Sprach- und Bewusstseinsebenen steht.

These 4: Ethik-Diskurs ist ein ‚Sprachspiel' bzw. ‚bloße Benennung'

Beide Philosophen erkennen die überwiegende Funktionsfähigkeit der natürlichen Sprache im konventionellen Bereich an, weswegen sie [dort] zu belassen sei, wie sie ist. Es ist aber zu unterscheiden, in welchem Sprachspiel und auf welcher Ebene jeweils über ethisches Verhalten gesprochen wird. Auch dazu gibt es Parallelen zwischen Nāgārjuna und Wittgenstein.
In Wittgensteins späten Schriften gibt es einen Ethik/Moral-Diskurs auf sechs Weisen - vier davon entsprechen den vier genannten Sprachfunktionen der zwei Ebenen: 1. in der Alltagssprache zur Regelung sozialer Interaktionen (konventionelle [moralische] Ebene); 2. als bloßer Ethik-Diskurs, in dem die Sprache ohne Bezug zum Leben ‚feiert'; 3. als ethisches Sprachhandeln, in dem ethische Werte von der handelnden Person selber verkörpert und in Tätigkeiten ausgedrückt werden; 4. als Zeigen des Weges aus dem Fliegenglas und dem Vermitteln einer anderen, nichtsprachlichen Einstellung zum Leben; 5. als Schweigen, wenn das Denken zur Ruhe gekommen ist und schließlich 6. als Sprachteilnehmender in der Welt, durch den sich das Unaussprechliche ohne Mühe selber zeigt. Eine absolute Ethik vertritt Wittgenstein im Spätwerk nicht.

Auf die Stufen der Moral/Ethik bei Nāgārjuna wurde im Kontext der Erläuterungen der zwei Ebenen (*satyadvaya*) und drei Trainings (*triśikṣā*) hingewiesen (Kap. 3.4). Von den drei Voraussetzungen zum Erwachen (*nirvāṇa) - śīla*, *samādhi* und *prajña* ist Moral/Ethik (*śīla*) nur ein Teil; die begriffliche Unterscheidung Gut und Böse nur auf

---

[146] Schlieter (2000) S. 242 untergliedert die zwei Ebenen des Nāgārjuna bzgl. Sprache ebenfalls weiter in vier, jedoch nach den Kriterien „annehmbare Sprechweisen" und „beobachtbare Sprechweisen".

anfänglichen Stufen relevant. Nāgārjuna stellt keine allgemeingültige Forderung auf: so sollst Du handeln (er ist nicht ‚moralisch'), sondern führt Konditionalsätze aus: wenn Du glücklich sein willst, ändere Dein Bewusstsein, erkenne die wirkliche Seinsweise der Phänomene, orientiere Dich daran und handele im Einklang damit. Die Gesetze der Moral – heilsame Taten bringen Glück, unheilsame Taten führen zu Leiden – sind notwendig richtig, denn sie sind schon in den Definitionen der Worte verborgen und mit ihrem Gebrauch verflochten. Wenn „Heilsames" so definiert ist, dass es Glück bzw. Leidfreiheit hervorbringt, dann ist die Feststellung, dass etwas konkretes Heilsames im Einzelfall Glück hervorbringt, ein Pleonasmus. Ebenso für die Feststellung von etwas Unheilsamen, das Unglück hervorruft. Für all das gilt, dass es sich lediglich um „bloße Benennung" handelt, deren Grundlagen sich aufgrund unzähliger Faktoren und Verflechtungen dafür eignen, so oder auch anders benannt zu werden, auch Naturgegebenheiten, Gesellschaft, Kultur und Sprache. Auf diesem Abschnitt des Pfades bzw. auf dieser Ebene der Persönlichkeitsentwicklung gibt es ‚gut und böse', ‚du sollst und du sollst nicht' als typisch sprachliche konventionelle Polaritäten, mit denen aber nach etwas objektiv (inhärent) Nicht-Gegebenem gegriffen wird. Gefahr und Risiko, nach moralischen und abstrakten Werten als inhärent zu greifen, als hätten sie Eigenwesen, ist besonders hoch (s. Religionskriege). Besser ist es, das Risiko zu vermeiden, indem eine Bewusstseinsstufe erreicht wird, wo diese Kriterien als bloße Konzepte durchschaut werden. Beruhigung und Befriedung (*nirvāṇa*) können nur erreicht werden, indem auch moralische Konzepte aus der Illusion wahrer Existenz ‚befreit' werden und als relative und nur nützliche Instrumente sozialer Verhaltensregulation durchschaut werden. Die innere Dimension ethischer Reifung und Entwicklung ‚nicht-dualer Weisheit'[147] ist davon nicht berührt. Aus Mahayana-Sicht ist erst durch Erkenntnis der Leerheit ethisches Leben im Sinne des *dharma* – im Einklang mit der Wirklichkeit – möglich. Dann kann das Leben eines Bodhisattva, wie Śāntideva (8. Jh.n.Chr.) es im *Bodhisattvacharya-avatara*[148] beschrieben hat, geführt werden. In der *Śatasāhasrikā-Prajñāpāramitā* heißt es dazu:

> „Er [der Bodhisattva] richtet sich nicht darin ein, in moralischen Sichtweisen seine Zuflucht zu suchen; denn vollkommen reine Ethik ist nicht das Ergebnis der Zuflucht in Moral"[149]

[147] was ebenfalls ein Pleonasmus darstellt, wenn Weisheit entsprechend definiert wird.
[148] Śāntideva (1979) Kap. 3 ff.
[149] Conze (1968) 1466-9, zit. nach Gudmunsen (1977) S. 99 [Übersetzung FB].

Ethische/moralische Aussagen beziehen sich bei Nāgārjuna auf keine ‚Dinge' oder irgendetwas inhärent Seiendes; bei Wittgenstein sind sie nicht zu Wahrheitswerten fähig – und doch sind sie bei beiden Autoren wichtig und (konventionell) wahr. Aber um tiefer in das Ethische/Moralische einzudringen, ist der richtige Weg nicht außerhalb der Sprache, in einem deklarierten ‚Wesen des Guten' zu finden, sondern im Erkennen, wie abhängig (*asvabhāva*) dieses Wort von den Sprachspielen ist, in denen es benutzt wird.

Versteht man die moralischen Sprachspiele als solche und durchschaut die Abhängigkeit von Benennung, wird man frei von der irrigen Annahme eines unabhängigen, absolut Guten und handelt nach dieser Einsicht: das Handeln wird weise und wenn es zudem heilsam ist, wird es im tieferen Sinn ethisch.

Selbstverständlich hat Erwachen keinen Wahrheitswert – so wenig wie der Satz: ‚ich fühle mich glücklich' oder ‚ich bin erleuchtet' (gerätetechnisch) messbar und unabhängig von der Aussage selber überprüfbar ist.

In allen Phasen spielt das Thema der Sprache und des Nichtsagbaren (Religion/Ethik/Ästhetik) eine wichtige Rolle. Wittgenstein möchte diesen Bereich auf verschiedene Weise vor Vergegenständlichung schützen[150], was ebenfalls ein Anliegen Nāgārjunas ist.

These 5: Es gibt ethisches Handeln jenseits von ‚Sein oder Nicht-Sein'

In der Vervollkommnung ethischen Handelns wird nach Nāgārjuna die Erkenntnis der Leerheit zunächst auf die eigene Person gerichtet und auf der Basis gesunden Selbstvertrauens jede Identifikation als bloße Benennung durchschaut und in Selbstlosigkeit aufgelöst. Der Bezug kognitiver philosophischer ‚Selbstlosigkeit' zu pragmatisch ‚selbstlosem' Handeln liegt in einigen Sprachen nahe, aber nicht in allen. Die kognitive Erkenntnis der Leere / Selbstlosigkeit und selbstloses Handeln werden eigenständig geübt (internalisiert) und praktiziert (implementiert), stützen sich gegenseitig und werden erst später in der Persönlichkeitsentwicklung zu einer natürlichen Einheit. Nach Wittgenstein gilt es ebenfalls, die sprachliche Bedingtheit und Grenzen zu erkennen und an sich zu „arbeiten" und eine metasprachliche Sicht

[150] Canfield (2005) S. 257.

auf Leben und Ethik zu entwickeln. Leben in „Übereinstimmung sein mit der Welt [...] heißt ja, glücklich sein'" (Tb. 8.7.1916)
Durch die zentrale Bedeutung der Erkenntnis gibt es bei beiden Philosophen auch eine Verbindung von korrekter Sichtweise und glücklichem Leben: bei Wittgenstein führt eine richtige Sicht auf die Welt zu einer glücklichen Lebenswelt, der persönlichen Wirklichkeit. Bei Nāgārjuna verbessert moralisches Verhalten das Karma und wird zu einem förderlichen Umstand für das eigentliche, das soteriologische Ziel des *nirvāṇa*. Glück bzw. Glückseligkeit ist dabei nur ein glücklicher Nebeneffekt, aber nicht das Ziel. Die Person, die sich auf den Pfad der Erkenntnis macht, wird auf dem Pfad vollständig transformiert, ihr konventionelles ‚ich' erreicht niemals das Ziel. Daher ist das Auflösen des falschen Konzeptes eines vermeintlich existierenden, inhärenten ‚Ich' zentral und wird durch selbstloses Handeln und einer anderen Sicht auf die Sprache erreicht. Wittgenstein und Nāgārjuna vertreten die Abhängigkeit aller Phänomene von der Sprache. Moralisches Verhalten kann selbstverständlich *in der Alltagssprache* begründet sein und sich auf Regeln und Gesetze berufen sowie den Glauben an das ewig Gute, Karma, Nirvāṇa, Gott o.ä. Wie die nicht-sprachliche Wirklichkeit kulturell versprachlicht wird, ist nachrangig, wenn erkannt wird, dass es sich nicht um die Realität handelt, bloß weil es Worte gibt. Kreuzzüge und Gottesbeweise gehören der Vergangenheit an, aber das Muster: es gibt ein Wort / einen Gedanken, also muss dem auch ‚Etwas' entsprechen - und zwar so wie das Wort - den gibt es trotz der überzeugenden Widerlegung durch Wittgenstein und Nāgārjuna noch bis heute. Besonders im interkulturellen Dialog - ob religiös oder philosophisch - ist darauf zu achten, dieses Muster zu überwinden.
Im Gegensatz zum frühen Wittgenstein akzeptiert der späte Wittgenstein, dass bestimmte Sprachspiele sich mit metaphysischen, absoluten und ethischen Themen beschäftigen. Auch bei Nāgārjuna findet diese Funktion der Sprache, auf etwas Nicht-Sprachliches zu verweisen, Beachtung und Rechtfertigung, denn „ohne sich auf das Konventionelle zu stützen, kann das Endgültige nicht erreicht werden". Endgültigkeit ist das eigentliche Ziel des Erwachens und einer der wichtigsten Schritte dazu ist das Durchschauen der sprachlichen Bedingtheit.
Wird diese erst einmal grundlegend korrekt und ohne metaphysischen Überbau erkannt, hat dies radikale Konsequenzen für die Ethik – sowohl bei Wittgenstein als auch für Nāgārjuna: metaphysischen Spekulationen, ethischen Systemen und Be-

gründungsversuchen wird radikal der Boden entzogen - nicht aber der pragmatischen Erfahrungsebene (W. James), die auch ohne Überbau zu ethischem Verhalten und einem glücklichen/gelungenen Leben führt.
Dabei kommt der Impuls für authentisch ethisches Verhalten für Wittgenstein und Nāgārjuna nicht aus dem *konventionellen*, dem diskursiven, sprachlichen und kognitiven Bereich, sondern aus subjektiven Erfahrungen, die sprachgedankliche Grenzen sprengen. Bei Nāgārjuna ist der Schlüssel zu diesem Bereich die Erkenntnis von Śunyatā – die Abwesenheit von Eigenwesen, bei Wittgenstein ist es die mystische Erfahrung.
Beide Philosophen versuchen, die Erkenntnis dieses ‚Bereiches' zu vermitteln: er ist ein Aspekt aller Phänomene, aber von einem Perspektivenwechsel des Betrachters abhängig. Dazu bedarf es neben der Reflexion über das Absolute, Ethische oder Letztendliche eine persönliche Bereitschaft, Charakterentwicklung oder „Arbeit an sich selbst", wie sie vermutlich von den alten Griechen als integraler Bestandteil der Philosophie praktiziert wurde und von Anhängern des Mahayana bis heute empfohlen wird.

Sowohl Wittgenstein als auch Nāgārjuna legen die Vermutung nahe, dass die subjektive Erfahrung des Aspekt- oder Perspektivenwechsels besonders dann möglich ist, wenn die unnatürliche Selbstbezogenheit abgenommen hat, denn Güte und mitfühlende Ethik sind nicht mit Selbstbezogenheit, sondern eher mit Selbstlosigkeit und Weisheit verbunden.

6.3 Zusammenfassung und Kommentar zum Philosophie-Vergleich

Die Ausführungen zeigen, dass weder Ethik noch Erkenntnistheorie noch Sprachphilosophie Wittgensteins den entsprechenden Lehren Nāgārjunas aus der Perspektive der jeweils eigenen Philosophie eindeutig gleichen oder nicht gleichen. Ihre Ähnlichkeit oder Nicht-Ähnlichkeit hängt überwiegend vom Blick des Interpreten ab, von dessen Anspruch und dem verfolgtem Ziel. Für beide Alternativen - ähnlich oder nicht-ähnlich - spricht gleich viel.
Nāgārjunas dialektisch-paradoxe mystisch-religiöse Dharma-Lehre geht weit über alles hier Darstellbare hinaus und bleibt doch im Rahmen des eigenen soteriologi-

schen Ziels: *nirvāṇa*. Dabei unterscheidet Nāgārjuna nicht zwischen begrifflicher und ontologischer Entfaltung der Phänomene (*prapañca*). Wittgensteins Anliegen ist aber gerade, den Fokus auf die Sprache als Gegenpol zum einem Fokus auf die Welt zu lenken: was sagt das ‚Sprechen über die Welt' über das Sprechen (über die Welt) aus - und nicht: über die Welt. Erst wenn man Nāgārjuna mit Wittgensteins Fragestellung liest, wird die Philosophie der Leerheit eine Sprachphilosophie mit ähnlichen Diagnosen wie derjenigen Wittgensteins. Erst wenn man Wittgenstein mit Nāgārjunas Lösungen - den zwei Wahrheiten, der Leerheit und dem abhängigen Entstehen - liest, sind die Ansätze zu diesem Ausweg auch bei Wittgenstein erkennbar. Diese Lesart drängt sich dem Leser aber nicht auf und es muss offen bleiben, ob Wittgenstein seine eigenen Beispiele und Fragmente in Richtung dieser Lösungen verallgemeinert und abstrahiert hätte. Liest man beide Autoren auf die dargelegte gegenseitig wohlwollende Art, können in Wittgensteins und Nāgārjunas Aussagen zu einigen Punkten Ähnlichkeiten ausgemacht werden:

- Sprache wird allgemein als tauglich für pragmatische (kommunikative) Zwecke eingeschätzt. Dafür muss ‚Alltagssprache' mit ‚konventioneller Wahrheit' in Verbindung gebracht werden, was nur alltagssprachlich und konventionell möglich ist, nicht philosophisch präzise. Endgültig sind beide Begriffe natürlich leer, von sich aus (inhärente) Bedeutung zu haben.
- Sprache ist nicht geeignet, die Wirklichkeit auszudrücken, wie sie ist. Sprache ist durch ihre Struktur auf dualistische Aussagen der Art von „sein oder nicht sein" beschränkt, die Wirklichkeit ist darauf nicht beschränkt.
- Sprache kann dementsprechend nach Ebene, Kontext und Funktion unterschieden werden.
- Welt oder Wirklichkeit sind nicht allein von Sprache abhängig; aber sie sind doch vollständig und immer auch von Sprache abhängig. Bei Wittgenstein entwickeln sich Sprache und Welt miteinander verwoben aus ursprünglich primitiven Sprachspielen. Das kann man als gegenseitiges Abhängigkeitsverhältnis verstehen, in dem weder Sprache noch Welt als primär, ursächlich oder unabhängig vom anderen besteht. Bei Nāgārjuna ist *gegenseitig abhängiges Entstehen* ein verallgemeinertes, ubiquitäres Prinzip, eine ontologische Eigenschaft aller geschaffenen (und deshalb wandelbaren und vergänglichen) Phänomene.

- Nāgārjuna formuliert die Gegenseitigkeit der Abhängigkeit expressis verbis, bei Wittgenstein ist sie nur implizit, sie kommt aber bei beiden vor.
- Wittgenstein ERWEITERT den Blick auf die Sprache, indem die Tätigkeitsbezüge in den Sprachspielen mit einbezogen werden, und nimmt auch die vielen über Tatsachenphilosophie hinausgehende Funktionen der Sprache mit ins Visier.
- Nāgārjuna VERTIEFT die Sprachbetrachtung, indem er nicht nur einzelne Worte auf eine inhärente Bedeutung (*svabhāva*) hin untersucht, sondern ihre Widersprüchlichkeit im ganzen Satzgefüge aufdeckt – wie im Beispiel vom Geher, der geht. Im Sinnzusammenhang der konventionellen Sprachspiele des Lebens ergeben sich diese Probleme nicht.
- Beide Philosophen kennen so etwas wie Aspekt- oder Perspektivenwechsel, der dazu führt, dass die Welt mit verschiedenen Fragestellungen/Perspektiven verschieden wahrgenommen werden kann und dadurch zugleich verschieden ist. Die Identität von *saṃsāra* und *nirvāṇa* und die Einheit von konventioneller und endgültiger Wahrheit deuten auch bei Nāgārjuna auf die Möglichkeit des Aspektwechsels im Sinne Wittgensteins.
- Śīla mit Ethik statt Moral zu übersetzen, verwirrt die Vergleichbarkeit beider Philosophen; aber Bedeutungsdifferenzierungen in einem Sprachspiel oder Lebensbereich, wie z.B. zwischen Moral und Ethik in der Philosophie, lassen sich nicht notwendig auf andere Bereiche übertragen, z.B. auf den Gebrauch im interkulturellen Dialog, der schon seine eigenen Sprachspiele und Übersetzungspraktiken entwickelt hat. Ethik bei Nāgārjuna ist auf der einen Ebene religiös und in dem hier dargelegten Sinne als moralisch zu verstehen, auf der anderen Ebene völlig frei von jeglichen Konzepten – auch denen von Gut und Böse. Dieser Differenzierung entspricht bei Wittgenstein nichts – da er nicht an ein religiöses System gebunden ist und sich diese Begriffe auch nur in einem Sprachspiel kontingent entwickelt haben. Im frühen Ansatz findet sich die Verbindung von Erkenntnis, Ethik und Glück jedoch auch bei ihm, da er auf die Ebene des Unaussprechlichen hinweist, eine metasprachliche Sicht als Schlüssel zur Erkenntnis darstellt und alle Begriffe kontextspezifisch relativiert und in Bezug zum ‚Fluss des Lebens' setzt.

- Betrachtet man Wittgenstein und Nāgārjuna in ihrem historisch bedingten philosophischen Kontext, überschreiten beide Philosophen den jeweiligen kulturellen und argumentativen Rahmen und zeigen auf eine nichtsprachliche Dimension der Wirklichkeit, die nicht im Jenseits liegt, sondern hier, mitten im Leben. ‚Inmitten' ist nur eine der ursprünglichen Verwendungen der griechischen Vorsilbe ‚meta', wie in Metaphysik. In diesem Sinne sind beide Philosophen mitten in ihrer Ablehnung des Metaphysischen im Sinne eines Jenseitigen oder des Eigenwesens selber Metaphysiker, besser gesagt „Alltagsmetaphysiker". Bei beiden ist diese Dimension abhängig von einer anderen Sicht auf die Welt. Abhängig zu sein ist bei Nāgārjuna eine kombinierte ‚episto-ontologische' Qualität der Wirklichkeit[151], bei Wittgenstein bleibt der Status der (gegenseitigen?) Abhängigkeit offen.
- Wittgenstein begründet und zeigt, dass Menschen in Logik und Struktur ihrer Sprachen gefangen sind und durch Sprache keinerlei Zugang zu einer, wie auch immer gearteten, „realen", „objektiven" oder absoluten Welt *jenseits* sprachlicher Logik und Struktur erlangen können. Dass wir handeln, sprechen und denken, als *gäbe* es eine solche sprachunabhängige Realität, liegt allein in unserer Sprache [und unseren Sinnen] begründet.

  Dieser Aussage würde Nāgārjuna zustimmen, aber hinzufügen, dass wir innerhalb der Logik und Regeln der Sprache gültig schlussfolgern und erkennen können, dass eine endgültige Realität auf keinen Fall wesenhaft so strukturiert sein kann, wie Sprache selber, da dies in jeder Hinsicht zu Widersprüchen führt. Die natürliche Sprache trennt alles voneinander, zerlegt es in Einzelteile und teilt es in eigene Kategorien ein - manchmal neue, manchmal nützliche – und drückt sich aus, als sei die Wirklichkeit dauerhaft zur Sprache isomorph.
- Nāgārjuna hingegen bezeichnet als tiefsten Erkenntnisgrund die gegenseitige Bedingtheit, bzw. das abhängige Entstehen. Selbst die endgültig*e Wahrheit* ist abhängig davon, dass man nach ihr fragt und sie sucht: sie ist śunyatā (Leerheit), die Abwesenheit aller auf die Welt projizierten, aber unmöglichen Eigenschaften von unabhängigem, dauerhaftem und isoliertem Sein, Eigenwesen oder inhärenter Existenz. Ein konventionelles Sein des Seienden ist untrennbar vom endgültigen Nicht-Sein des Nicht-Seienden (śunyatā ist ein Nicht-Seiendes).

[151] wie oben erläutert die quasi-ontologische Eigenschaft der Welt von Benennung und Perspektiven abhängig zu sein und leer (śūnya) davon unabhängig und objektiv zu existieren (asvabhāva).

- Alle Phänomene erscheinen und wandeln sich ständig in allseitiger Verbundenheit. Mehr lässt sich nicht finden, mehr kann und muss nicht vorhanden sein, denn alle Phänomene (gemeinsam) genügen sich selbst und erklären ihr Entstehen und Vergehen widerspruchsfrei. Nāgārjuna zeigt stringent, dass nur die Abwesenheit eines irgendwie und irgendwo fixierbaren, absoluten Punktes, eines primären oder endgültigen Seienden, aus dem alles andere folgen würde, Entstehen, Wandel und Vergehen erlaubt – das Leben. Alles was entsteht, entsteht in Abhängigkeit bzw. aus gegenseitiger Bedingtheit. Polarität und ganzheitliche Vernetzung sind konstitutiv für das wirkliche Leben, Sprache, Dynamik und Evolution.

  Wittgensteins Beispiel der Sprachspiele kann auch in diesem Sinn verstanden werden.
- Wo Nagarjuna die Auflösung der realen Welt direkt an die begriffliche Welt koppelt, lenkt Wittgenstein den Blick gerade darauf, inwiefern damit nur etwas über die Sprache ausgesagt wird. So unterschiedlich die beiden Perspektiven sind, so gut ergänzen sie sich doch zu einem Ganzen: Welt und Wort können nicht kongruent sein, im Rahmen der Sprache bleiben wir in der Sprache gefangen; mithilfe der Sprache können wir die Grenzen des Sprachlichen nicht überwinden.
- Beide Philosophen haben jedoch ein Bewusstsein von einer nicht-sprachlichen Erfahrungsebene, auf die gezeigt werden, die aber nicht versprachlicht werden kann. Bei Nāgārjuna ist der meditative Weg ausgefeilt und nachvollziehbar in Stufen eingeteilt, bei Wittgenstein ist er mehr eine Ahnung. Beiden gemein ist zwischen verschiedenen Funktionen der Sprache zu unterscheiden.

7. Gesamt-Evaluation und Ausblick

Angesichts der überraschenden Vergleichbarkeit in Differenziertheit und Tiefe der Philosophien Wittgensteins und Nāgārjunas können die Fragen gestellt werden: Wie geht es weiter mit Wittgenstein und Nāgārjuna? Wie kann das Projekt interkulturellen Philosophierens weiterentwickelt werden? Weit wichtiger als diese Fragen ist jedoch, sich der Konsequenzen ihrer Erkenntnisse bewusst zu werden und sie auf unseren Wissens- und Wissenschaftsbegriff anzuwenden, um entsprechende persönliche und gesellschaftliche Veränderungen daraus abzuleiten.

Als erstes und wichtigstes ist die Diagnose: das Leben und die Welt sind nicht so, wie der Anschein, den Sinne, Sprache und Denken vermitteln, denn sie konstruieren diese Wirklichkeit selber mit. Insbesondere die Eigenschaften der Unabhängigkeit, Dauerhaftigkeit und Unteilbarkeit (Eigenwesen) sind großenteils sprachlich bedingt, widersprüchlich und irreal. Allerdings ist diese Unzulänglichkeit mit sprachlichen Mitteln nicht zu beheben. Mit dem Lernen einer Sprache verlernt man zugleich das unverstellte, ungetrübte Erleben und Erkennen dessen, was ist und wie es ist Auf meditativem Wege jenseits des Sprachdenkens kann dies jedoch wieder erlernt werden. Denken hingegen vollzieht sich sprachlich und wie Sprache kann es die letztendliche Wirklichkeit nicht unmittelbar und korrekt wiedergeben (‚versprachlichen') – im Gegenteil: die Wirklichkeit hängt von unserem sprachlichen Input und ihren Kategorien ab und die Sprache von der Wirklichkeit, das dynamische Beziehungsgefüge beider ist konstitutiv für deren Realität. Damit wird ‚Ontologie' zu einem sprachlich-historischen und lebendig-variablen Konzept und relativiert auch die Begriffe seines Bezugsumfeldes – Absolutes, Wahrheit, Wissen, Wissenschaft usw.

Jeder Begriff, der hier näher untersucht wurde – ‚Buddhismus', ‚Ethik', ‚Moral', ‚Sprache', ‚Bedeutung', ‚Ähnlichkeit' – zeigt bei genauerer Analyse, dass kein Wesen oder fester Kernbereich seiner Bedeutung zu finden und sein Gebrauch nicht fixiert und scharf abgegrenzt zu identifizieren ist. Bedeutung ist variabel, da sie abhängig von Kulturepochen ist, vom sprachlichen Umfeld und den Situationen seines Gebrauchs, von den Anwendern und ihren Intentionen sowie von den Zuhörern, sodass bei verschiedenen Anwendungen und verschiedener Sprachspiele nur von einer Übereinstimmung im Sinne einer ‚Familienähnlichkeit' ausgegangen werden kann. Die Sprachphilosophie des späten Wittgensteins wird dadurch empirisch bestätigt.

Bei Nāgārjuna ist diese Relativität des abhängigen Entstehens das höchste Prinzip und nicht zu widerlegen. Unter diesen Umständen weiter zu philosophieren, als gäbe es objektive - vom Betrachter und vom Gebrauch unabhängige - Bedeutung und Wirklichkeit, kann als ein Fall des „Feierns der Sprache" angesehen werden. Ein Moraldiskurs, der die reifizierende Sprache feiert, ist nicht weiterführend. ‚Gut sein wollen' reicht nicht. Alle kollektiven sprach- und ideengeleiteten Philosophien, Religionen, politischen Systeme und andere Versuche, *das* Gute durch Kampf gegen das Nicht-Gute zu erreichen, sind gescheitert. Wittgenstein und Nāgārjuna haben das Problem erkannt und bieten eine andere (bei Wittgenstein: sprachliche) Achtsamkeit als einen Ausweg an, der nicht in das andere Extrem der Beliebigkeit und Grundlosigkeit führt:

Das Unaussprechliche, das Nāgārjuna und Wittgenstein als Quelle der Erkenntnis und Ethik aufzeigen, kann nur im Zur-Ruhe-Kommen der aufgewühlten Gedanken und Sprache gelingen. Darauf muss auch die sich jüngst entfaltende ‚*comparative philosophy*' achten: Sprache muss auf ihre verschiedenen Ebenen hin differenziert werden: Alltagssprachliche Äußerungen über Ethik und Moral können transkulturell geführt werden, Diskurse über die Relativität von Sprache, Erkenntnis, Kultur und Ethik im Sinne ihrer nicht hintergehbaren Abhängigkeit ebenfalls, aber nicht im Sinne einer darüber hinausgehenden inhärenten Bedeutung.

Sprachspiele sind nicht vom sozialen Kontext und sozialer Kontrolle (Regeln) isolierbar und haben keine objektive Erkenntnisfunktion und kein Potential über sich selbst hinaus. Belassen wir die ‚*bloße* ' Sprache (Nāgārjuna) wie sie ist, ohne darüber hinaus Erwartungen und Forderungen auf sie zu projizieren und sie damit übermäßig zu strapazieren, können wir sie innerhalb ihrer funktionalen Grenzen und Möglichkeit als *konventionelle* Wahrheit bezeichnen, mit der wir Alltag, Dialog und Lebenswelt angemessen gut meistern können. Das gilt auch für die Wissenschaften in einer Wissensgesellschaft, die quantifizierbare Vorgänge zwischen inhärenten Dingen hartnäckig als letztendliche Wirklichkeitsbeschreibung betrachtet und in den Rang eines ‚absolutes' Wissen mit fast religiösen Züge erhebt. In allen Lebensbereichen prägt der Glaube an letztendliche Dinge und Substanzen, an letztendliche Materie und Individuen trotz aller Widersprüche und Gegenbeweisen weiterhin unsere Kultur, Wirtschaft, Politik, Medizin sowie den Umgang miteinander und mit der Natur.

Die Erkenntnis, dass es sich hierbei nur um ‚konventionelles' – d.h. sprach- und kulturabhängiges ‚Wissen' handelt, führt dazu, die Projektion des Absolutheitsanspruchs sprachlicher Strukturen zu durchschauen (bzw. zu durchhorchen), die Vielfalt sprachlicher Bedingtheit als Chance ernst zu nehmen und den „Wirklichkeit gestaltenden Faktor" flexibler Sprachspiele besser nutzen zu können, Perspektivenwechsel im Multilog verschiedener Interessen und Kulturen zu erleichtern und Ebenenwechsel je nach Fragestellung variabel zu handhaben. Der Weg wird frei, unsere Lebenswelt nicht nur aus existentiellen Belangen und den sprachlichen Strukturen der Ratio wahrzunehmen und zu verstehen, sondern sie gleichermaßen aus der Quelle der Weisheit jenseits des Sprachlichen zu gestalten und diesen Raum frei von Versprachlichung und Dogmen aller Art zu halten. Bereits in der Früherziehung die konventionelle Informations- und Wissensvermittlung durch pädagogisch angemessen vermittelte Erfahrungen meditativer Erkenntnis und Perspektivwesel zu ergänzen, wäre für diesen Wandel förderlich.

Nach Wittgenstein und Nāgārjuna ist zunächst Schweigen und Beruhigen des sprachlichen Gedankentumults notwendig, um Erkenntnis aus der metasprachlichen Sphäre zu erlangen und aus dieser Quelle sein Leben und die Welt zu gestalten. Das war ursprünglich auch ein Weg und Ziel der Philosophie: „Einige persönliche Transformations- und Reinigungs-Praktiken, die in den griechischen Anfängen, z.B. bei den Stoikern, mit Philosophieren einhergingen und als notwendig für geistige Erkenntnis angesehen wurden, ähneln einigen der vielfältigen Übungen der buddhistischer Mahayana-Schulen, die sich aus Nāgārjunas Impulsen entwickelt haben und bis in die heutige Zeit überliefert sind"[152]. Das ist erstaunlich, weil der begriffliche Hintergrund und die philosophische Deutung metaphysischer Zustände sprachlich nicht unterschiedlicher sein könnte: ewiges und gleichbleibendes Selbst vs. Selbstlosigkeit, Schöpfergott vs. gegenseitig abhängigem Entstehen, geistige und materielle Substanzen vs. einem allumfassenden Feld gegenseitiger Abhängigkeiten (usw.) – viele sich theoretisch gegenseitig ausschließende Deutungen. Jedoch können offensichtlich gegensätzliche philosophische Konzeptionen pragmatisch auf dasselbe Verhalten hinaus laufen (z.B. jemandem „selbstlos" zu helfen): die Versprachlichung moralisch bzw. ethischer Werte ist offensichtlich nachrangig gegenüber der inneren Erfahrung

[152] Jens Schlieter (2.6.2015); Hamburg: „Weisheit & Lebenspraxis: Die Lehren des Buddha, des griechisch-römischen Stoizismus und die Frage der wechselseitigen Beeinflussung" in der Vortragsreihe "Weisheit: Alte Traditionen, wieder aktuell" des AAI & Netzwerk Ethik-heute. [persönl. Mitschrift FB]

des Geistes, in dem das ‚Sprachdenken' zur Ruhe gekommen ist, in dem sein eigener Standpunkt relativiert und andere Sichtweisen gleichermaßen eingenommen werden können, sodass sich Empathie und Mitgefühl natürlich entwickeln.

Diese Einsicht und Erfahrung verändert die persönliche Lebenswelt grundlegend und kann summiert - aufgrund der Abhängigkeit aller Dinge - die kollektive Lebensform der Menschheit wandeln und helfen, ihre globalen Probleme zu lösen.
Mehr ist als Konsequenz aus einem Vergleich zweier Philosophien unterschiedlicher Kulturen und Zeitepochen nicht zu erwarten. Das Ergebnis ermutigt, das Projekt interkulturellen Philosophierens trotz aller Hürden weiter zu verfolgen, zu vertiefen und dergestalt auszubauen, dass dem inneren Erfahrungsraum der Sprach- und Gedankenstille als konstitutive Bedingung letztendlicher Erkenntnis ein hoher Stellenwert zugewiesen und jungen Menschen wertschätzend vermittelt wird, denn von ihren multiplen Perspektiven und meta-sprachlichem Miteinander hängen schließlich ihre Werte, ihr Handeln und die Zukunft der Welt ab.

8. Literatur

a. Zitierte Werke:

- Abel, Günter (2010): *Epistemische Objekte als Zeichen- und Interpretationskonstrukte*. In: S. Tolksdorf & H. Tetens [Hrsg.]: In Sprachspiele verstrickt – Oder: Wie man der Fliege den Ausweg zeigt. Berlin: de Gruyter, S. 127 – 156.
- Bartley, Christopher (2011): *An Introduction to Indian Philosophy.* London, NewYork: Continuum.
- Batchelor, Stephen (2000): *Nagarjuna. Verse aus der Mitte. Eine buddhistische Vision des Lebens.*
  Berlin: Steinrich.
- Bechert, H. (1997) [Hrsg.]: *The Dating of the Historical Buddha. Die Datierung des historischen Buddha.* [3 Bände] Göttingen 1991, 1992, 1997: Vandenhoeck & Ruprecht.
- Benviste, Émile (1958): Catégories de pensée et de langue. In: Problèmes de linguistique générale. Paris: PUF.
- Bin, Kimura (1995): *Zwischen Mensch und Mensch. Strukturen japanischer Subjektivität.* Darmstadt: Wissenschaftliche Buchgesellschaft.
- Bronkhorst, Johannes (2011): *Language and Reality - on an Episode in Indian Thought.* Leiden, Boston: Brill.
- Brück, Michael von (2007): *Einführung in den Buddhismus.* Frankfurt a. M.: Weltreligionen.
- Canfield, John (1975): *Wittgenstein and Zen.* In: Philosophy (50), S. 383-408.
- Canfield, John (2005): *Der Grund des Sein.* In: Dt. Zeitschrift für Philosophie, No. 53, S. 257-275.
- Cassirer, Ernst (1996): *Versuch über den Menschen. Einführung in eine Philosophie der Kultur.* Hamburg: Meiner.
- Cassirer, Ernst (2001): *Philosophie der Symbolischen Formen. – Teil 1. Die Sprache.* In: Gesammelte Werke. Hamburger Ausgabe, Band 11. Hamburg: Meiner.
- Conche, Marcel (1973): *Pour une Métaphysique de l'apparance. Pyrrhon ou l'apparence.* Villers sur Mer: Mégare.
- Conze, E. (1990): *Buddhistisches Denken.* Frankfurt a. M.: Suhrkamp.
- Dalai Lama, XIV. (1999): *Der Schlüssel zum Mittleren Weg. Weisheit und Methode im Tibetischen Buddhismus.* Hamburg: dharma.
- Eco, Umberto (1995): *The Search for the Perfect Language.* Oxford UK & Cambridge USA: Blackwell.
- Elberfeld, Rolf (2004): *Phänomenologie der Zeit im Buddhismus. Methoden interkulturellen Philosophierens.* Stuttgart: Frommann-Holzbogen.
- Elberfeld, Rolf (2012): *Sprache und Sprachen. Eine philosophische Grundorientierung.* Freiburg [u.a.]: Karl Alber.

- Esfeld, Michael (2002): *Holismus in der Philosophie des Geistes und in der Philosophie der Physik*. Frankfurt/Main:
- Falkenburg, Brigitte (2012): *Mythos Determinismus*. Heidelberg [u.a.], Springer.
- Foucault, Michel (2010): *Die Regierung des Selbst und der anderen II Der Mut zur Wahrheit*. Frankfurt a. M.: Suhrkamp.
- Frauwallner, Erich (1969): *Die Philosophie des Buddhismus*. Berlin: Akademie.
- Garfield, Jay (2012): *Achtsamkeit als Grundlage für ethisches Verhalten*. In: Michael Zimmermann [u.a.] (Hrsg.): *Achtsamkeit – Ein Buddhistisches Konzept erobert die Wissenschaft*. Bern: Huber, S. 227 – 249.
- Gebauer, Gunter (2009), Fabian Goppelsröder, Jörg Volbers [Hrsg.]: *Wittgenstein – Philosophie als „Arbeit an Einem selbst"*. München: Wilhelm Fink.
- Gloy, Karen [Hrsg.] (2004): *Unser Zeitalter – ein postmetaphysisches?* Würzburg: Königshausen & Neumann.
- Goodman, Russel (2002): *Wittgenstein and William James*. New York: Cambridge University.
- Gudmunsen, Chris (1977): *Wittgenstein and Buddhism*. London [u.a.]: Macmillan.
- Hadot, Pierre (1991): *Philosophie als Lebensform. Geistige Übungen in der Antike*. Berlin: Gatza.
- Halbfass, Wilhelm (2000): *Karma und Wiedergeburt im indischen Denken*. Kreuzlingen: Hugendubel.
- Hartmann, Fred (1999): *Der Turmbau zu Babel. Mythos oder Wirklichkeit. Turmbausagen im Vergleich mit der Bibel*. Neuhausen-Stuttgart: Hänssler-Verlag.
- Hong, Sung-Ki (1993): *Pratītyasamutpāda bei Nāgārjuna. Eine logische Analyse der Argumentationsstruktur in Nāgārjunas Madhyamakakārikā*. Saarbrücken: Univ. Diss.
- Inada, Kenneth (1979) [Übers.]: *Nāgārjuna: a translation of his Mūlamadhyamakakārikā with an introductory essay*. Tokyo: Hokuseido.
- James, William (1979): *Die Vielfalt Religiöser Erfahrung. Eine Studie über die Menschliche Natur*. Olten: Walter.
- Jaspers, Karl (1957): *Die Grossen Philosophen*. Bd. 1. München: Piper.
- Kalansuriya, A.C.N (1987): *A Philosophical Analysis of Buddhist Notions – The Buddha and Wittgenstein*. Neu Delhi: Sri Satguru.
- Koch, Frank A. (1981): *Digging out the Roots of Ethics*. In: Edgar Morscher and Rudolf Stranzinger [Hrsg.]: Ethics – Foundations, Problems, and Applications. Proceedings of the Fifth International Wittgenstein Symposium. Wien: Hölder-Pichler-Tempsky.
- Kripke, Saul A. (2006): *Wittgenstein über Regeln und Privatsprache. Eine elementare Darstellung*. Frankfurt a. M.: Suhrkamp.
- Laugier, Sandra (2009): *Ethik als Aufmerksamkeit auf das Besondere*. In: G. Gebauer [u.a.] [Hrsg.]: Wittgenstein – Philosophie als „Arbeit an Einem selbst". München: W. Fink. S. 83-102.
- Lindtner, Chr. (1982): *Nagarjuniana – Studies in the Writings and Philosophy of Nāgārjuna*. Kopenhagen: Akademisk.
- Lippmann, Walter (1949): *Public Opinion*. New York: Macmillan.

- Lütterfelds, Wilhelm (2004): *Familienähnlichkeit als sprachanalytische Kritik und Neukonzeption des metaphysischen Essentialismus?* – in: Karen Gloy (Hrsg.) Unser Zeitalter – ein postmetaphysisches? Würzburg: Königshausen & Neumann, S. 147-154.
- Mall, Ram Adhar (1995): *Philosophie im Vergleich der Kulturen: interkulturelle Philosophie – eine neue Orientierung.* Darmstadt: Wissenschaftliche Buchgesell-schaft.
- Mall, Ram Adhar (2006): *Nagarjunas Philosophie interkulturell gelesen.* Nordhausen: Traugott Bautz.
- Marx, Karl (1845): *Thesen über Feuerbach.* In: Marx-Engels-Gesamtausgabe, (Bd. 3). Berlin Akademie Verlag, 1998, S. 19-21.
- MacDonald, Anne von (2015): *In Clear Words. The Prasannapadā [von Candrakīrti], chapter one.*
  Wien: Österr. Akad. der Wissenschaften.
- Mittelstraß, Jürgen (2014): *Die griechische Denkform: von der Entstehung der Philosophie aus dem Geiste der Geometrie.* Berlin: de Gruyter.
- Oetke, Claus (2001): *Materialien zur Übersetzung und Interpretation der Mulamadhyamaka-kārikās.* Reinbek: Dr. Inge Wezler.
- Robinson, Richard H. (1957): *Some logical Aspects in Nāgārjuna' System.* In: Philosophy East and West, Vol. 6, No. 4 (Okt. 1957), S. 291 – 308.
- Robinson, Richard H. (1972): *Did Nāgārjuna Really Refute All Philosophical Views?* In: Philosophy East and West, Vol. 22, No. 3 (Juni 1972), S. 325 – 331.
- Ruegg, D. Seyfort (1981): *The Literature of the Maddhyamaka School of Philosophy in India.* Wiesbaden: Harrasowitz.
- Samdhong Rinpoche (2015): „The Dynamics between Consciousness and Reality *(tendrel)* with Impulses for Dialogue with other Religions and Worldviews". In: K. Amirpur & W. Weiße [Hrsg.]: Religion – Dialog – Gesellschaft. Analysen zur gegenwärtigen Situation und Impulse für eine dialogische Theologie. Hamburg: Waxmann, Bd. 8, S. 201 - 206.
- Śantideva (1979): *Bodhisattvacharyavatara. A Guide to the Bodhisattva's Way of Life.* Dharamsala/Indien: Library of Tibetan Works an Archives.
- Schickel, Joachim (2012): *Der Logos des Spiegels. Struktur und Sinn einer spekulativen Metapher.* Bielefeld: Transcript.
- Schlieter, Jens (2000): *Versprachlichung – Entsprachlichung. Untersuchungen zum philosophischen Stellenwert der Sprache im europäischen und buddhistischen Denken.* Köln: Chōra.
- Schmidt, Karsten (2011): *Buddhismus als Religion und Philosophie. Probleme und Perspektiven interkulturellen Verstehens.* Stuttgart: Kohlhammer.
- Schneider, Hans J. (2003): Der Begriff der religiösen Erfahrung bei William James und seine Weiterentwicklung nach Wittgenstein. In: W. Löffler, P. Weingartner [Hrsg.]: Wissen und Glauben. Beiträge des 26. Internationalen Wittgenstein-Symposiums, Bd. XI. Kirchberg am Wechsel: Österreichische Ludwig Wittgenstein-gesellschaft, S. 320 – 322.

- Schneider, Hans J. (2008): *Religion*. Berlin: de Gruyter.
- Schumann, Hans W. (1988): Buddhismus: Stifter, Schulen und Systeme. Olten [u.a.]: Walter.
- Siderits, Mark (1991): *Indian Philosophy of Language. Studies in Selected Issues.* Dortrecht [u.a.]: Kluwer Academic.
- Siderits, Mark (2007): *Buddhism as Philosophy: an Introduction*. Indianopolis USA: Ashgate.
- Siderits, Mark; Shōryū Katsura (2013): *Nāgārjuna's Middle Way. Mūlamadhyamakakārikā.* Somerville MA: Wisdom Publications.
- Sprung, Mervyn (1973): *The Problem of Two Truths in Buddhism and Vedānta.* Dortrecht [u.a]: Reidel.
- Stern, David (1995): *Wittgenstein on Mind and Language*. Oxford: Oxford Univ. Press.
- Sturm, Hans P. (1996): *Weder Sein noch Nichtsein. Der Urteilsvierkant (catuskoti) und seine Korollarien im östlichen und westlichen Denken.* Würzburg: Ergon.
- Sung Ki Hong (1993): *pratītyasamutpāda bei Nāgārjuna. Eine logische Analyse der Argumenta-tionsstruktur in Nāgārjunas Madhyamakakārikā.* Saarbrücken: Dissertation.
- Trabant, Jürgen (2006): *Europäisches Sprachdenken von Platon bis Wittgenstein.* München: Beck.
- Tuck, Andrew P. (1990): *Comparative Philosophy and the Philosophy of Scholarship. On the Western Interpretation of Nāgārjuna*. New York [u.a.]: Oxford University Press.
- Volbers, Jörg (2009): *Selbsterkenntnis und Lebensform: kritische Subjektivität nach Wittgenstein und Foucault*. Bielefeld: Transcript.
- Wachtendorf, Thomas (2008): *Ethik als Mythologie. Sprache und Ethik bei Ludwig Wittgenstein*. Berlin: Parerga.
- Walser, Joseph (2005): *Nāgārjuna in Context. Mahāyāna Buddhism and Early Indian Culture*. New York: Columbia Univ. Press.
- Warder, A.K. (1973): *Is Nāgārjuna a Mahāyānist?* in: Mervyn Sprung: The Problem of Two Truths in Buddhism and Vedānta. Dortrecht [u.a]: Reidel, S. 78 - 88.
- Weber-Brosamer, Bernhard; Dieter M. Back (1997): *Nāgārjuna: Die Philosophie der Leere. Nāgārjunas Mūlamadhyamaka-Kārikās; Übersetzung des buddhistischen Basistextes mit kommentierenden Einführungen*. Wiesbaden: Harrassowitz.
- Wernecke, Jörg (2007): *Handeln und Bedeutung. L. Wittgenstein, Ch. S. Peirce und M. Heidegger zu einer Propädeutik einer hermeneutischen Pragmatik*. Berlin: Duncker & Humblot.
- Westerhoff, Jan (2009): *Nāgārjuna's Madhyamaka. A philosophical introduction.* Oxford [u.a.]: Oxford Univ. Press.
- Westerhoff, Jan (2010): *Nāgārjuna's Vigrahavyāvartanī the dispeller of disputes.* Oxford [u.a.]: Oxford Univ. Press.
- Whorf, B. Lee (1963): *Sprache, Denken, Wirklichkeit. Beiträge zur Metalinguistik und Sprachphilosophie*. Reinbek: Rowohlt.

- Williams, Paul (2009): *Mahāyāna Buddhism: the Doctrinal Foundations.* [2. Aufl.] London, New York: Routledge.
- Wittgenstein, Ludwig (1984 a): Werkausgabe in 8 Bänden. Frankfurt a. M.: Suhrkamp.
  - Bd. 1: *Tractatus Logico-Philosophicus, Tagebücher 1914-1916 Philosophische Untersuchungen*
  - Bd. 2: *Philosophische Bemerkungen*
  - Bd. 3: *Ludwig Wittgenstein und der Wiener Kreis*
  - Bd. 4: *Philosophische Grammatik*
  - Bd. 5: *Das Blaue Buch, Eine philosophische Betrachtung (Das Braune Buch)*
  - Bd. 6: *Bemerkungen über die Grundlagen der Mathematik*
  - Bd. 7: *Bemerkungen über die Philosophie der Psychologie*
  - Bd. 8: *Bemerkungen über die Farben, Über Gewißheit, Zettel, Vermischte Bemerkungen.*
- Wittgenstein, Ludwig (1984 b): *Vorlesungen 1930 - 1935.* Frankfurt a. M.: Suhrkamp.
- Wittgenstein, Ludwig (1989): *Vortrag über Ethik – und andere kleine Schriften.* Joachim Schulte [Hrsg.]. Frankfurt a. M.: Suhrkamp.
- Wittgenstein, Ludwig (2000): *The Big Typescript.* Miachael Nedo [Hrsg.]. Wien: Springer, Bd. 11 [Wiener Werkausgabe, Bd. 11 - (Zitierweise: Thema-Satz-Seite)].
- Wittgenstein, Ludwig (1997): *Denkbewegungen: Tagebücher 1930 - 1932, 1936 - 1937.* Teil I: Normalisierte Fassung. Ilse Somavilla [Hrsg.]. Innsbruck: Haymon.
- Zimmermann, Michael; Christof Spitz, Stefan Schmidt [Hrsg.] (2012): *Achtsamkeit – Ein Buddhistisches Konzept erobert die Wissenschaft.* Bern: Huber.
- Zotz, Volker (1996): *Geschichte der Buddhistischen Philosophie.* Reinbek: Rowohlt.

b. Weiterführende Literatur

- Anderson, Tyson (1985): *Wittgenstein and Nagarjuna's Paradox.* In: East-West Phcilosophy 35 (2). Hawaii: University of Hawaii, S. 157 - 169.
- Block, Claire (2013): *Vom Dialog zum Polylog. Eine Untersuchung über die Notwendigkeit der Alterität für das philosophische Denken.* Würzburg: Könighausen & Neumann.
- Bubner, Rüdiger (1976): *Handlung, Sprache und Vernunft. Grundbegriffe praktischer Philosophie.* Frankfurt a. M.: Suhrkamp.
- Capelle, Wilhelm (1968): *Die Vorsokratiker. Fragmente und Quellenberichte.* Stuttgart: A. Kröner.
- Dalai Lama, XIVth (2011): *Beyond Religion. Ethics for a whole world.* London [u.a.]: Rider.
- Edelglass, William & Jay Garfield [Hrsg.] (2009). *Buddhist Philosophy. Essential Readings.* New York: Oxford University Press.

- Elberfeld, Rolf (1999) u.a. [Hrsg.]: *Translation and Interpretation*. München: W. Fink.
- Garfield, Jay (2002): *Empty Words. Buddhist Philosophy and Cross-Cultural Interpretation*. Oxford, N.Y.: Oxford University.
- Gerhard, Volker (2014): *Der Sinn des Sinns. Versuch über das Göttliche*. München: Beck
- Glock, Hans-Johann (2000): *Wittgenstein-Lexikon*. Darmstadt. Wissenschaftliche Buchgesellschaft
- Hare, R. M. (1997): *Sorting out Ethics*. Oxford: Clarendon.
- Hartmann, Ralph (2007): *Philosophies of Language and Linguistics. Plato, Aristotle, Saussure, Wittgenstein, Bloomfield, Russel, Quine, Searle, Chomsky, and Pinker on Language and its Systematic Study*. Edinburgh: Haralex.
- Hetzel, Andreas (2011): *Die Wirksamkeit der Rede. Zur Aktualität klassischer Rhetorik für die moderne Sprachphilosophie*. Bielefeld: Transcript.
- Hogrebe, Wolfram (2002) und Martin Booms [Hrsg.]: *Grenzen und Grenzüberschreitung. XIX. Dt. Kongress für Philosophie. 23. - 27. Sept. 2002 in Bonn. Sektionsbeiträge.* Bonn: Sinclair.
- Kern, Andrea (2010): *Handeln ohne Überlegen.* In: S. Tolksdorf, H. Tetens [Hrsg.]: In Sprachspiele verstrickt – Oder: Wie man der Fliege den Ausweg zeigt. Berlin: de Gruyter, S. 193 – 220.
- Kim, Hwa-Kyung (2006): Gewissheit und Skeptizismus bei Wittgenstein. Neue Untersuchung zu alten Zweifeln: Hamburg: Dr. Kovac.
- Kleinpaul, Rudolf (1972): *Sprache ohne Worte. Idee einer allgemeinen Wissenschaft der Sprache.* Den Haag, Paris: Mouton.
- Kopf, Gereon (): *Nishida's Conception of Person*. In: Buddhist Philosophy Essential Readings. W. Edelglass & J. Garfield [Hrsg.]. New York: Oxford University Press. Chapt. 31, S. 358 - 369.
- Köller, Wilhelm (1988): *Philosophie der Grammatik. Vom Sinn grammatischen Wissens*. Stuttgart: Metzler.
- Kuppermann, Joel (1999): *Learning from Asian Philosophy*. New York [u.a.]: Oxford University.
- Lom, Petr (2001): *The limits of doubt: the moral and political implications of skepticism.* New York: State University of N.Y.
- Loy, David (2097): *Nonduality – a Study in Comparative Philosophy*. Amherst, N.Y.: Humanity Books.
- Mall, Ram Adhar (2005): *Wittgenstein interkulturell gelesen.* Nordhausen: Bautz.
- Matilal, Bimal Krishna (1994) u.a. [Hrsg.]: *Knowing from Words. Western an Indian Philosophical Analysis of Understanding and Testimony*. Dordrecht [u.a.]: Kluwer Academic.
- Masuzawa, Tomoko (2005): *The invention of world religions, or, How European universalism was preserved in the language of pluralism*. Chicago, London: Chicago Press.
- Merleau-Ponty, Maurice (2007): *Zeichen.* Hamburg: Meiner Verlag.

- Musgrave, Alan (1980): *Wittgensteinian instrumentalism.* In: *Theoria* - 46 (2-3), S. 65-105.
- Neal, Aubrey (2007): *How Skeptics do 'Ethics. A Brief History of the Late Modern Linguistic Turn.* Calgary: University Press
- Otto, Rudolf (1926): West-Östliche Mystik. Vergleich und Unterscheidung zu Wesensdeutung. Gotha: Leopold Klotz
- Roloff, Carola; W. Weiße; M. Zimmermann [Hrsg.] (2011): Buddhismus im Westen. Ein Dialog zwischen Religion und Wissenschaft. Münster [u.a.]: Waxmann.
- Schaff, Adam (1965): *Sprache und Erkenntnis.* Wien [u.a.]: Europa.
- Schmidt, Karsten (2011): *Buddhismus als Religion und Philosophie. Probleme und Perspektiven interkulturellen Verstehens.* Stuttgart: Kohlhammer.
- Schneider, Hans J. (2002): *Beruht das Sprechenkönnen auf einem Sprachwissen*? In: S. Krämer, E. König [Hrsg.]: Gibt es eine Sprache hinter dem Sprechen? Frankfurt a. M., S. 151 - 191.
- Schroeder, Severin (2008): *Wittgenstein lesen. Ein Kommentar zu ausgewählten Passagen der "Philosophischen Untersuchungen".* Stuttgart: Frommann-Holzboog.
- Trapp, Rainer (1976): *Analytische Ontologie. Der Begriff der Existenz in Sprache und Logik.* Frankfurt a. M: Klostermann.
- Tsong Khapa, rJe (2006): *Ocean of Reasoning. A Great Commentary on Nagarjuna's Mula-madhyamikakarika* . Oxford, N.Y.: Oxford University. [Übers.: N. Samten & Jay Garfield].
- Tugendhat, Ernst (2003): *Egozentrizität und Mystik. Eine anthropologische Studie.* München
- Wallace, Alan (1996): *Choosing Reality. A Buddhist View of Physics and the Mind.* Ithaca, N.Y.: Snow Lion.
- Wallner, Friedrich (1983): *Die Grenzen der Sprache und der Erkenntnis. Analysen von und im Anschluss an Wittgenstein.* Wien: Braumüller.
- Wunderlich, Dieter (2015): *Sprachen der Welt – Warum sie so verschieden sind und sich doch alle gleichen.* Darmstadt: Wissenschaftliche Buchgesellschaft.
- Zenklusen, Stefan (2010): *Philosophische Bezüge bei Pierre Bourdieu.* Konstanz: UVK. [Kap. 6: Wittgenstein und das Regelfolgen, S. 105-130]